图解 精益制造019

佳能单元式生产系统

キャノン方式のセル生産で意識が変わる会社が変わる

[日] 酒卷久 著

杨洁 译

人民东方出版传媒
People's Oriental Publishing & Media
東方出版社
The Oriental Press

图书在版编目（CIP）数据

佳能单元式生产系统／（日）酒卷久 著；杨洁 译. —北京：东方出版社，2013.8
（精益制造；19）
ISBN 978-7-5060-6669-3

Ⅰ.①佳… Ⅱ.①酒… ②杨… Ⅲ.①电子工业—工业企业管理—生产管理—研究—日本 Ⅳ.①F431.366

中国版本图书馆 CIP 数据核字（2013）第 187668 号

精益制造 019：佳能单元式生产系统
（JINGYI ZHIZAO 019：JIA'NENG DANYUANSHI SHENGCHAN XITONG）

作　　者：［日］酒卷久
译　　者：杨 洁
责任编辑：崔雁行 高琛倩 王思怡
出　　版：东方出版社
发　　行：人民东方出版传媒有限公司
地　　址：北京市朝阳区西坝河北里51号
邮　　编：100028
印　　刷：北京楠萍印刷有限公司
版　　次：2013 年 8 月第 1 版
印　　次：2020 年 11 月第 4 次印刷
开　　本：880 毫米×1230 毫米 1/32
印　　张：8.25
字　　数：172 千字
书　　号：ISBN 978-7-5060-6669-3
定　　价：36.00 元
发行电话：（010）85924663 85924644 85924641

目录

卷首 001

序章 佳能模式的单元式生产方式是意识改革的管理方法 001

从生产革新到意识改革的管理方法 001

发展成为结构性改革的“佳能流” 002

7 年间利润率增长 8.8 倍 003

第 1 章 向单元式生产方式和传送带生产方式的常识提出挑战 005

为什么必须实行单元式生产方式? 005

单元式生产方式和传送带生产方式随时代的发展而循环往复 007

单元式生产方式和传送带生产方式没有效率上的差别 008

什么是传送带生产方式时代? 010

之后的全自动化生产 013

单元式生产方式是制作产品的基本 016

单元式生产方式的基本分类 018

◉传送带生产线 019

◉无传送带生产方式 020

◉U 字形生产线(流程分割生产) 020

◉单人货摊式生产方式(单人生产) 020

◉货摊式巡回生产方式(单人生产) 020

021 ◉巡回生产方式（单人生产）

026 单元式生产方式最重要的是质量和熟练度(提高生产效率)

030 提高操作者的积极性

032 单元式生产方式有效削减设备成本

033 单元式生产方式的缺点

035 第2章 单元式生产系统改变意识

035 若要引入单元式生产方式,员工自发意识的改革势在必行

037 从单元式生产方式到单元式生产系统

038 ◉工厂的风气改革有目共睹

038 ◉工厂的改革波及效果显著

039 意识变革要从干部开始

040 “二传手”上司毫无用处

043 管理部门的合理化

044 目标设定要简单

047 给改善活动以成长的空间

049 提高同事之间的竞争意识

051 将紧张感带到日常生活中

053 给员工能一直工作下去的安全感

055 “觉醒”是关键

059 第3章 最快建成的生产线——美里事业部

059 美里事业部——IMS 工厂的概要

060 IMS 组装部门的概要

062 IMS 组装工程的历史

◉在采用单元式生产方式前 062
◉一个人掌握 6 个小时的流程 064
◉佳能电子的“单人货摊方式”的原型 066
◉现场忽发奇想引起的生产线变革 068
◉搬往山田工厂的准备工作 070
◉向摆脱传送带挑战 071
◉生产效率是传送带的 1.2 倍 073
◉速度、品质、工序数的竞争 074
◉“孤岛”让生产效率下滑 075
◉“没有空间”反而成为优势 076
◉制造在山田工厂，仓库在美里事业部 076
◉工厂上游从下游取得工作 077
◉单元式生产方式的成功引发了外包生产的讨论 078
◉集团内部发表山田工厂的成功经验 079
◉节省非生产部门的无用功 080
◉在快速生产线边学习 080
◉无沉淀的产品生产 081
IMS 组装部生产线的成功要诀 083
◉意识改革 083
◉提高重复频率 085
◉手风琴分配法 087
◉确定主力操作者 089
◉候鸟方式 089

092 ◉提升操作速度的自主活动
093 ◉使用录像机的工作标准
095 ◉使用 3D-CAD，利用视觉记忆操作步骤
096 ◉技能提升的单元式生产系统
098 ◉多合一生产线
101 ◉成果及前景

103 第 4 章 秩父工厂——通过意识改革将工厂用地面积压缩了 70%

103 秩父工厂的 EMD 工厂概要
104 人均产量提高 4 倍
105 长期战——结出硕果的“乌龟的步伐”
107 “世界第一运动”让每个人都有自主性
109 体验“三自精神”
111 全员参加是基本原则
112 不说“你好”的组织中，没有交流
114 一个人的“一根筋”行为播下了变革的种子
115 交流的改善让不良品率激减
117 “站着开会”改善交流
119 立式会议被证明对思维能力和健康都有益处
120 面向镜子，纠正自己
122 目标管理的根本是懂得何时停下来
124 很小的发现和改善也要记下来
126 让做得不好的员工重拾自信

员工待遇是意识改革的后盾 128
各种员工自发运动 130
用“三现主义”解决问题 131
生产线改革一直向前 133
“人脑科技” 136
工厂面积成功削减了70% 138
◉成果最显著的一项就是削减空间 139
◉成果之二，节省了各项经费 139
◉成果之三，在环境治理方面颇有成效 140
第5章 办公室也要用单元式生产方式来改革 143
迈向自律分散型的经营体系 143
办公室工作的“不可视化” 145
掌握电脑的使用状况 148
办公室的“无用功”在日志管理下显形 149
开掉那些用人不当的领导 151
用单元式生产方式的观念改革销售部门 153
搬家抖落了心灵上的灰尘 155
终结篇 用单元式生产系统改变经营 157
管理层的意志推动结构改革 159
经营理念的重要性 161
要想有进步,“锦旗”不可少 163
个人成果和目标管理 165
“搬次家,穷半年”的效应 168

170 引入单元式生产方式时要着眼于未来的自动化生产线
172 简洁的生产线也会随着时间而蒙尘
173 改革要用身体去记忆

177 附录 佳能十年腾飞

178 佳能的背景
178 ◉佳能的起源
179 ◉佳能的现状
181 佳能击败施乐的案例
181 ◉施乐何许人
182 ◉佳能的进入
182 ◉技术策略
183 ◉市场策略
186 佳能出现的问题
186 ◉背景
188 ◉不求利润，只重销售额
189 ◉业务分散，并出现亏损
190 ◉年功序列制
193 ◉终身雇佣制
195 ◉以往 CEO 以和为贵，因循守旧，没有能力改革
195 新社长简介
197 御手洗富士夫提出的方案
197 ◉方案一：撤出与巩固——砍掉赔钱的产业（1996-1999 年）
204 ◉方案二：生产线的改革

◉方案三：技术和产品的全面整合 216
◉方案四：开拓高端产品市场 220
◉方案五：原型最小化——三维计算机辅助设计（2000 年至今） 229
终身雇佣制对佳能的影响 232
◉终身雇佣制的起源 232
◉终身雇佣制的前提 232
◉终身雇佣制的特点 234
◉终身雇佣制的优点 235
◉终身雇佣制面临的挑战 236
◉终身雇佣制的破灭 238
◉佳能的“终身雇佣制” 240
总结与展望 242

卷首

“我们想详细地了解佳能模式的单元式生产系统”——这是许多人的心声。

本书就为了响应这种心声。

这一年间，访问佳能电子公司的学者超过了500人。近来，不仅仅是制造业，就连软件开发和服务业的公司中的许多同仁也希望能学习本公司的经营体系，前来参观本公司。

看来，我和本公司的管理层通过出版物，已经广泛地传播了我们的管理风格，大家已经对佳能电子的经营秘密充满兴趣。

在过去的5年间，佳能电子销售额并没有增加，而利润却增加了10倍以上。看过我的书的经营者希望能进一步详细了解佳能，同样身为经营者的我当然要无保留地尽绵薄之力。我可不只是说说而已，除了本公司之外，我还希望您能到佳能的秩父、美里、赤城三个事业部去体验一下。因为百闻不如一见，用自己的眼睛看不同的公司，就能从不同的经营者身上得到不同的启示。

我在引导客人参观车间时，会反复强调：**“我们公司构筑利益体系的基础是单元式生产系统。”**不仅仅是制造业的社长们，其他行业的经营者们也对本公司的单元式生产系统表示了强烈的关心。这是因为我们一直实践着的单元式生产系统，不仅仅是工厂的生产革新，而且它已经发展为全公司的结构性改革和风气改革。

每当提到利用单元式生产方式成功进行公司结构改革的企业，本公司的母公司佳能集团堪称表率。御手洗富士夫社长不仅将单元式生产方式导入了佳能所有的车间，甚至将这种思维模式扩展到了研发和销售方面，并取得了丰硕的成果。时至今日，佳能依然称得上是日本最杰出的公司之一，这完全是御手洗社长将单元式生产方式的长处活用到极致，进而提高经营质量的结果。

作为子公司的佳能电子，以佳能的经验为典范，努力以一种适应本公司产品、氛围和人员的形式，在更高层面上实现单元式生产系统。该系统中也包括了在佳能集团中转战过多个部门的我的一些秘诀。对于1999年春由佳能的高级职员升任佳能电子公司总裁的我来说，这些经验具有集我的事业生涯之大成的意义。我将佳能教会我的以及从御手洗社长等众多优秀经营者身上学到的一切，都倾注到佳能电子的经营当中。

一言以蔽之，佳能电子的单元式生产系统是一种以追求高效为目的，对意识进行改革的管理法。我想在本书中传达的一点是：**劳动者的意识改变了，整个公司的劳动方法改变了，公司才能无限地发展。**

在第一章中，通过和以往的传送带（conveyor belt）方式进行比较，尝试从不同角度对本文的主要内容即单元式生产方式的特征进行说明。

第二章叙述了单元式生产方式会对人们的意识产生怎样的改变以及管理层应该如何促进意识的变革。

第三章和第四章以本公司的两个工厂为例，介绍了单元式生产方式的现状。这两章详细介绍了从1990年起，进行过多次无传送带生产实验的美里事业部的生产线以及通过意识改革取得显著成果的秩父工厂的生产线。

第五章介绍了单元式生产的思考模式是如何激活工厂以外的其他部门的。

在最后一章中，我将把单元式生产方式应用于管理，介绍组织整体的管理方法，并简要介绍我自身实践过的一些方法以及今后要执行的课题。

如果本书能对认真摸索更高效经营方法、更高效生产方法的各位有所启示，哪怕只是一星半点，也是我的荣幸。

佳能电子总裁　酒卷久

2006年3月

序章

佳能模式的单元式生产方式是意识改革的管理方法

从生产革新到意识改革的管理方法

单元式生产方式在日本的制造业得到关注是在 20 世纪 90 年代后期。它的出现是为了适应制造业所面临的市场状况和市场环境。在这种生产方式中可以看到以下特征。

(1) 和传送带生产方式相比，单元式生产方式更有利于应对频繁的生产模式变化，更容易适应市场所要求的品种多、产量小的要求。

(2) 单元式生产方式减少了产品库存和半成品库存，增加了现金流量。

(3) 比起新建和转移车间（如将生产基地转移到海外）等传送带方式，设备投资更少。

（4）员工的热情和责任感得到提升，并且有效提高了生产率和产品质量。

除此之外，单元式生产方式的优点还有很多。对此本书将会详细介绍。不过，如果只用一句话来说明引入单元式生产方式的效果的话，那就是“消除车间的无用功”。

日本企业的生产系统在世界范围内也是可圈可点的。从高速成长期起，它就是一个品质最优、成本最低、速度最快的生产系统。

不过，在现实的车间中，“无用功”到处存在。“减冗增效”虽然是国外工厂的生产用语，但是在日本的车间中也同样适用！甚至可以说应该改善的地方还在不断增加。

发展成为结构性改革的“佳能流”

在以往的传送带上，众多的操作者配合传送带的流动，进行组装作业。而在单元式生产方式中，在被称为“单元”的作业空间中，由一个或几个人负责多个工序，进行组装。单元式生产方式的形态根据产品特性或车间环境的不同而不同。在佳能电子，工作着的单元就分“单人生产”、“U 字形生产线”、“直线型生产线”、“自动化生产线”等几种。它们的共通之处在于，都是在打破以往的传送带模式的基础上建立起来的。

得到改善的不仅仅是制造生产线。单元式生产方式带来的最大效果表现在劳动者的意识改变上。 它的特征之一就是：使自发性的改善活动成为车间的风气，进而发展为全公司的结构性改革。

在成功地将单元式生产方式作为全公司结构性改革的企业中，本公司的母公司佳能集团就是代表之一。 佳能电子的单元式生产方式以母公司为范本，同时将车间的生产革新发展为全公司的“单元式生产系统”，并成功地在包括研发、销售、非生产部门等环节的全公司范围内进行了意识改革。

7 年间利润率增长 8. 8 倍

在此，让我先介绍一下佳能电子单元式生产系统所带来的成果。

和我刚就任总裁的 1999 年相比，佳能电子的销售额从 750 亿日元增至 900 亿日元（2005 年），增幅并不大。 而利润却从 11 亿日元激增到 118 亿日元，大约增加了 10 倍；销售利润率从 1. 5%增加到 13. 2%，增长了 8. 8 倍；股东分红由 4 日元增加到 52 日元，增长了 13 倍。 并且在此期间，我们从未使用过减员策略。

说到改善效果，在秩父工厂，车间用地减少了 70%，电费、水费、二氧化碳的排放量减少到以往的 50%，4 个车间和 3 个子公司的设备压缩为现在的 1 个车间，而产量却是 1999 年的 4 倍。

从数字上来看，这一切简直像一夜之间被施了魔法一样，而实际上所有成果都是靠员工一天一天的不懈努力而获得的。可以说这是6年来不间断的“滴水穿石”所带来的成果。佳能电子的意识改革和改善活动的起点是单元式生产方式，但最终却在全体员工的意识深处产生了质的变化。

在下一章中，我们将从单元式生产方式和传送带方式的比较开始，详细地介绍作为生产方式之一的单元式生产方式具有什么样的特征。

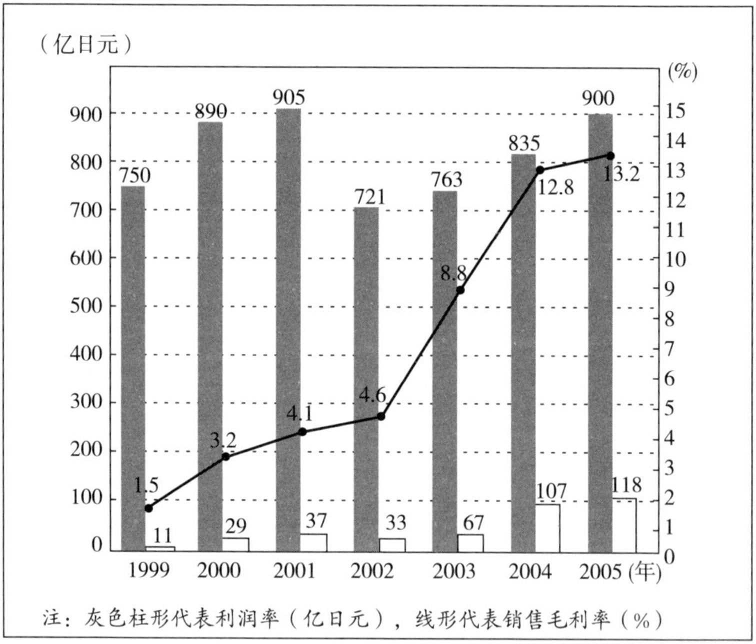

图1　佳能电子的销售额及利润率的变化

第 1 章

向单元式生产方式和传送带生产方式的常识提出挑战

为什么必须实行单元式生产方式?

作为传送带生产方式的接班人，单元式生产方式在 20 世纪 90 年代后半期，得到了大家的关注并在日本的制造业得到了普及。虽然这只是近 10 年才出现的新动向，但是以单元式生产方式为代表的“无传送带运动”的历史却很悠久。据我所知，类似于单元式生产的生产方式从 20 世纪 70 年代就出现了。当时还没有“单元式生产”的说法，不过它也是一种废除传送带、由少数精通多道工序的员工组装产品的生产方式，和现在的单元式生产方式在思路上是一脉相承的，在当时也颇受关注。

从 20 世纪 60 年代后半期到 70 年代，由于日本国内经济不景气，产品滞销，大批量的生产带来了大量的库存。另一方面，新加坡等亚洲诸国的制造业非常发达，面对这些对手，日本陷入了成本大战的泥潭。

从20世纪70年代起，《车间管理》（日刊工业新闻社）和《IE》（日本能率协会）等面向制造业的专业杂志在专访中介绍了“小集团化生产方式”、“模块方式”等新型生产方式。这些生产方式和现在的单元式生产方式非常相似。杂志列出了多个实验室数据成果和车间实例，介绍了在废除传送带方式以后，改由手工进行组装后生产力是如何大幅提高的。

在生产线的形态方面，人们也开始尝试与直线型传送带大相径庭的U字形生产线。

20世纪70年代，无传送带的生产方式虽然不像现在这样普及，不过作为制造业的组成部分，的确已经有一些无传送带的制造生产线隆隆开动了起来。和现在的单元式生产方式一样，它们比传送带生产方式的生产力更高，产品品质也更好，劳动者的积极性也高涨了许多。最重要的是，它最大的效果是消除了传送带时代沉积下来的“无用功”，对制造生产线进行了“减肥”。

但是，随着时代的变化，被单元式生产方式所简化的制造生产线又重新被传送带所代替。当时的背景是，随着国内经济的复苏，对产品的需求重新高涨。如果大量地重复制造相同的产品，当然还是使用传送带效率更高。所以制造业重新启用了传送带这一法宝。

不过，同样是传送带，与以前比较，还是有天壤之别的。因为经过单元式生产方式洗礼之后，传送带过去所沉积下来的“无用功”已经被革除了，优化成为一条“无用功”很少的生产线了。

单元式生产方式和传送带生产方式随时代的发展而循环往复

进入20世纪90年代，日本的制造业迎来了和20世纪70年代相似的经营环境。泡沫经济破灭之后，品种少、产量大的生产已经不再适应低迷的需求。再加上日本厂家已经意识到了和海外进行成本大战的危机，无传送带生产方式于是重新回到了人们的视线之中。

在这20年间，传送带又沉积了不少的“灰尘”，从而产生了彻底废除传送带、重新给制造生产线瘦身的必要。

“传送带式生产线——单元式生产线——传送带式生产线——单元式生产线。”这个循环往复的变迁，对于工厂来说也是必然的。不仅仅是传送带生产方式，任何一种生产方式在走过20年道路之后，都必然沉积许多的痼疾。

有一个不容忽视的问题是：引入某种生产方式超过20年，生产线上的工人就会成为生产线所塑造的奴隶。工人们只知道这一种生产方式，很难深入思考去挖掘根本性的问题，这已经成为车间的一种风气。公司在引入一种生产方式时，当然会冷静地判断其优、缺点。 可是如果从一进公司就以某种生产方式进行劳动的话，就无从得知引入时的背景和过程了。

在 20 世纪 90 年代中期，生产线的工人们全是以“传送带方式”培养出来的。 由于本身并没有参与建立传送带方式的经历，所以他们并不懂得其中的原理和原则。 因此就会产生“制造生产线本来就是传送带的天下”的臆想，就算是环境发生了变化，也很难冷静地思考生产效率的问题。

此外，持续使用了 20 年，生产线的无用功部分一定会越积越多。 这就像灰尘沉积一样，对任何一种生产方式来说，都是再自然不过的事了。 尤其是传送带方式，它的重型设备很多，成本也非常高，所以无法频繁地进行大规模的变革。这也是固有观念根深蒂固的原因之一。

单元式生产方式和传送带生产方式没有效率上的差别

如果纯粹地从生产效率上进行比较，单元式生产方式和传送带生产方式并没有太大的差异。 不过“尺有所短，寸有所长”，我们应该根据不同情况分别加以运用。

习惯传送带生产方式的人，只要一听说要换成单元式生产方式，就会表现出强烈的抗拒。 最主要的理由是，他们认为放弃传送带生产方式的话，整体生产效率就会下降，产品质量也会降低。这种想法也并非完全没有道理——如果没有采取正确方法的话，比起传送带生产方式，单元式生产方式的确有可能使生产和产品质量下降。

即使如此，也并不意味着传送带生产线是永远正确的。执著于“离了传送带就不行”的想法也是不对的。与之相对，有的人认为“单元式生产方式永远正确”，这也是错误的。单元式生产方式是一种难得的、适应性很强的生产方式。但如果将它僵化为固定的模式，反而会失去原来的意味。

“纯粹地从生产效率上进行比较，没有太大的差别，所以我们要随机应变，灵活使用。”我们最好能从这个角度来接受这两种生产方式。

1990 年初，我开始担任佳能集团的生产部长。从那时起，我就在日本国内的各个工厂设立项目，进行了为数众多的有关生产方式革新的实验。其中，当然也包括无传送带的生产方式。当时还没有“单元式生产方式”这一说法，不过和现在的单元式生产方式做法如出一辙。

在某条生产线上，我们把产品撤下了传送带，并换成了新的生产方式，即工作台上，每个人独立地对产品进行组装。这一改革进行了 4 个月的时间。同样的产品，同样的人员，每个人都在自己的空间内展开了工作。比起传送带时期，每个人要负责更多的工序。

最初，单元式生产的效率比传送带生产线要低，但是到实验结束时，前者比后者高出 30%。 实验得出结论，单元式生产方式的效率要高于传送带方式。

不过，这个实验结束后，日本重新进入到了传送带的时代。 这个项目组也回归到了传送带方式，可生产效率却依然比以前提高了三成以上。 我们不得不重新审视实验结果。

我们在惊讶的同时，很快悟出了其中的道理。

第一，由于受到实验的激励，劳动者的积极性高涨。 第二，在尝试单元式生产方式的 4 个月期间，每个劳动者都精通了多道工序，所有人的技能都有所提高。

也就是说，如果劳动者的积极性和技能有所提高的话，不同的生产方式所带来的效率之差就不会十分明显。

到了单元式生产方式的时代，传送带生产线被指责为“一种适应性差、过于僵化的生产方式”。 其实并不是这样。 传送带也可以实现多品种、少量化的生产。 生产线的改变也并非不可能，同时也可压缩生产线、削减空间。

现在，代表日本实力的汽车生产厂家还在继续使用传送带生产线进行生产，由此也可见一斑了。

什么是传送带生产方式时代?

20 世纪 90 年代前半期，许多制造业的传送带方式已经走进死胡同。 泡沫经济破灭之后，人们必须正视库存和设备过剩问题。

制造业生产线上的无用功已成痼疾，传送带比实际需要的要长得多。辅助生产线甚至拖得和主生产线一样长。围绕着生产线，到处都是储存零件的造价昂贵的自动仓库，还有搬运零件用的自动搬运机。在产品仓库中，剩下来的库存产品堆积如山。自动仓库像是库存零件的海洋，而生产线则是半成品砌起的高山。

在工厂中，那些偶尔才用一下的高价机器被大家当成了最平常不过的摆设。而且每一条生产线上都配备这些机器，设备成本和空间被毫不珍惜地挥霍着。仔细一看，一年内只被用过几次的东西在车间内堆得到处都是。车间看上去非常拥挤。

与办公室事务不同，工厂一旦松懈下来，就会马上成为滋生无用功的温床，到处都是需要改善的地方。

劳动者们不但对周围一下子冒出这么多东西没有怀疑，反而觉得东西越多，效率就会越高。自动仓库和自动搬运机看上去能给人带来许多便利，可是如果用在错误的地方，最终只会让库存堆得比山还高。如果不时刻牢记“库存和设备最好不要太多”这一点，工厂里的东西就会不断地增多。一个车间被堆满了，就得建造新的车间大楼。建好之后，同样会被没有用的东西堆满，势必又要再建新的。如此一来过剩的设施无限膨胀——这就是 20 世纪 80 年代日本制造业的状况。

工厂存在的目的在于高效地生产产品，并创造利润。无论机器是多么跨时代的尖端产品，如果它最终挤占利润的话，对于车间来说，它就是不必要的。不，应该说是坚决不能要的。20 世纪 90 年代中期，许多工厂内，像灰尘一样的无用功越积越厚。在此期间，由于不景气，市场变冷，产品卖不出去，制造业终于遭遇滑铁卢。

因此，在 20 世纪 90 年代中期，作为消灭过剩库存和设备的手段，人们开始重新讨论单元式生产方式。当尝试着停止传送带，冷静地巡视车间时，众多的垃圾终于进入了人们的视线。随着将垃圾一个一个清除出去，生产力也一步一步地提升了。这就是单元式生产方式的本质。

为了实现单元式生产方式，人们必须清洗一下以往被传送带生产方式占满了的大脑。必须从根本上质疑 20 年来一直被视为天经地义的东西，这就是意识改革。说起来仿佛很简单，但实际上意识改革是最难的一件事。特别是在一个大的集体中，如果没有强大的作用力，根本不可能实现意识改革。

在佳能集团中，全面废除传送带和自动仓库是在 1997 年。集团上下能彻底地实现生产革新，都是有赖于御手洗富士夫社长的英明决断。将高额投资的传送带和自动仓库在一朝一夕之间彻底抛弃，需要非常大的勇气。这只能由经营最高层来进行决断。其他的厂家虽然也意识到了相同的问题，但是没有几个经营者有魄力一声令下将多余的设备舍弃的。

再进一步说，御手洗社长是把单元式生产方式作为改革的旗帜，使之发展为全公司的改革。由此，原来与生产方式没有直接关系的研发部门和销售部门也有了很大的改观。

许多别的公司也引入了单元式生产方式。甚至有些公司引入的时间比佳能集团还要早很多年。不过，几乎没有哪一家把它作为改革的旗帜。没有哪个社长会像御手洗社长一样，时时刻刻把单元式生产方式挂在嘴边。时至今日，“单元式生产方式=佳能”这一公式已经深入人心，全是因为御手洗社长一有机会就宣扬单元式生产方式的缘故。

之后的全自动化生产

单元式生产方式的代表形式为“单人货摊式”。它给人的强烈印象就是主要依靠手工进行组装。不过，随着单元式生产方式的推进，也可以达到自动化和无人化的境界。这是因为生产线抖落了传送带生产线时代的灰尘并进行瘦身之后，非常有利于引入自动化机械。正如前文所介绍的那样，有时甚至可以使传送带得到复活。

据报道，即使是在全公司引入单元式生产方式并实现了生产革新的佳能公司，到 2007 年为止，占国内生产额 25%的生产线都将实现无人化和自动化。

佳能电子埼玉县美里事业部里也有自动化程度很高的生

产线。在通过单元式生产方式将工程的灰尘抖落之后，在生产车间中用机械来代替手工是很自然的选择。

美里事业部的车间中，也有10年来一直运行着的自动化生产线。传送带生产的产品品种固定，由手臂机器人组装产品，质检程序也是自动的。工人的主要工作是监视零件的供应和机器运行情况。

不过，经过单元式生产方式洗礼后的新型自动化生产线，长度只是10年前生产线的1/3。由于自动化的设备操作非常简单，所以也没有用机器人等高科技。传送产品的也不是传送带，而是一种使用空气压缩机的设备。比起10年前的自动化生产线，所使用的都是过时的技术和思路。我们创建的自动化生产线使用的不是“高科技”，而是“低科技”。设备成本当然就会很低，只是10年前的1/10。

用于生产的机器人技术日新月异，现在佳能电子的自动化生产线努力追求的并不是制造出胜任复杂操作的机器人。过去，在发展无人化传送带的时代，生产技术部门热衷于开发能代替人手的、能进行复杂操作的高科技机器人。技术开发能力因此而突飞猛进，可是设备成本也相应膨胀。制作费用高达数百万日元，甚至数千万日元的机器人并不少见。不过如果是少品种、大批量的生产（即大量地重复生产同一产品），这些投资也算是物有所值。

现在，佳能电子所致力于的机械化和那时并不相同。佳能电子的核心是设备要低成本、省空间。同样是机械化，也是基于单元式生产方式思想的机械化。

作为生产技术者，也许他的目的是开发更先进的机器人。不过工厂存在的目的却是通过生产产品而产生利润。再先进的机器人开发，如果对利润没有贡献也毫无意义。

归根到底，所有的工厂都追求无人化。不过，要实现这一目标，必须要分阶段进行。在以手工作业为中心的现阶段，只能部分地推进生产线的机械化，一点一滴地积蓄无人化的经验。因此，像零件的补给这些工作还是使用手工完成为好。不要执著于技术开发、企图一蹴而就地实现完全自动化或无人化。

自动化程度提高之后，制造生产线上的人员自然会过剩。那么，有什么对策吗？

在美里事业部，机械化程度每提高一次，生产线上就会产生冗余人员。不过只要本人不申请辞职，佳能电子就绝不会解雇员工。只要本人愿意在公司工作，公司就一定帮他找到新的职位。

在美里事业部，随着每一次机械化程度的提高，都会有一些人从生产线调去搞技术。他们一般从事设备机械的开发和制造工作。

在佳能电子，上个月还在生产线负责组装产品，这个月就去从事自动化生产线机械的开发和制造的人并不在少数。刚开始，大家都对设备一无所知，不过经过多次的公司内部实习和培训，几个月下来甚至都会绘制机械图了。

制造生产线的设备还是按照熟悉生产线的劳动者的想法来开发为好。把他们迄今为止所积累的操作经验完整地平移到机械开发上，这才是关键。在机械和劳动者共存的局面下，只有来源于第一线劳动者的点子才能实现“操作简便的机械化”。

在佳能电子，除了自动化生产线以外，有许多设备都是由生产线操作者开发的。特别是被称为“ChiE-Tech”（人脑技术）的机械，全是不用电、不用马达、手动的简单机械。制作费用只有数万日元，却和需要花数十万日元甚至数百万日元购入的机械做着一样的工作。这些设备就是生产现场智慧的产物。

单元式生产方式是制作产品的基本

我们已经介绍过，单元式生产方式能很有效地清除传送带上堆积的无用功。不过，如果换一个角度的话，也可以说单元式生产方式回到了传送带之前的生产方式。“不用传送带而手工制作产品”这一形态，从最初制作产品的远古开始就源远流长，持续至今。而传送带成为大量生产（mass production）的代名词则是1913年之后的事了。那一年福特为了组装汽车而开发了这种生产方式。它只有短短100年的历史。

在福特之前，汽车由熟练工人一台一台手工制作出来，是一种非常昂贵的产品。在引入传送带之后，操作进行了细分并变得简单，即使是经验很少、廉价的劳动力也能生产。于是，汽车价格狂降，一下子走上了大众化道路。如果前提是大量、廉价地生产相同产品，传送带方式的确很有效率。

不过，进入 20 世纪 90 年代之后，这一前提就不复存在了。即使廉价地生产出大批相同的产品，如果卖不出去的话，企业的损失会更大。但即便是这样，许多厂长和车间负责人还依然局限在传送带方式中去思考如何制作产品。

特别是对于从进入公司就只接触过传送带的那一代人来说，跳出这个框框并不容易。即使打算冷静地判断状况，头脑中也总会残留着传送带的局限。传送带方式堆积了多年的灰尘，它的思维方式已经无法应对变化。

因此，20 世纪 90 年代中期，单元式生产方式受到了人们的关注，人们关于产品制造的思路又重新回归到传送带发明之前的时代。引入单元式生产方式可以被视为“重新设置”了工厂的生产方式。这是一个舍弃传送带时代积累下的“无用功”操作、“无用功”设备和“无用功”经验，从零开始思考的机会。

它对劳动者意识的影响也是巨大的。传送带时期的单工种工人转变为单元式生产方式时代的多工种工人，这很接近于一个熟练的工人就能手工制作一台汽车的原始形态。所以实行单元式生产方式之后，“匠人气质”的意识就很自然地高涨起来。可以说我们又回归到了百年之前。

单元式生产方式的基本分类

在上文中，通过和传送带方式的比较，我们了解了单元式生产方式的特征。虽然都叫单元式生产方式，可是在实际的生产线上，却有各种各样的形态。根据产品、环境和人员的不同，单元式生产的形态也有所差异。即使是生产相同的产品，不同的企业和工厂所构筑的单元式生产线也大不相同。在有些企业中，一个车间甚至使用 7 种不同的生产线形态。

在这里，我想介绍一下 20 世纪 90 年代前半期实施的实验以及研究结果。数据虽然很陈旧，不过作为摆脱传送带的摸索时期的实验，对于掌握各种单元式生产方式特征还是很有意义的。比起单元式生产方式高度发达的今天的数据，它更能表现出最根本的差异性。

单元式生产方式大致分为 5 类，我们将它们和传送带方式做个比较。(图 1-1)

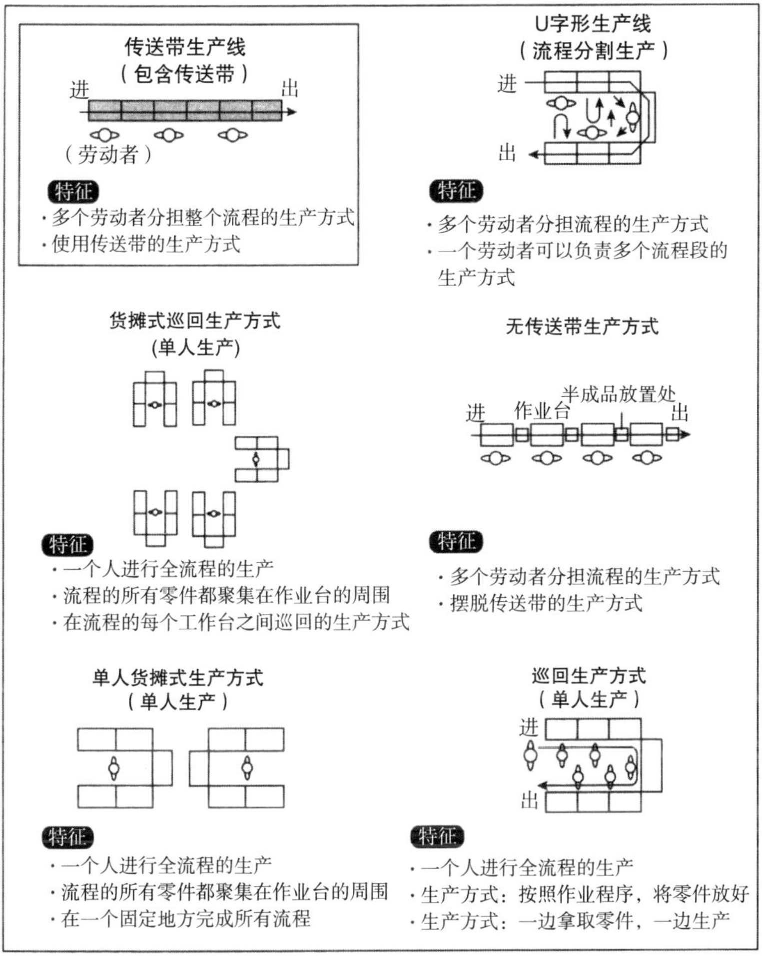

图 1-1　单元式生产方式的基本分类

◉传送带生产线

它适合于品种少、产量大的连续生产，基本上都是以传送带为中心的直线型。 流程被分段，由多个劳动者分别负责。 工作时间（生产一个产品所需的时间）由传送带的传送速度决定。

◉无传送带生产方式

将传送带从生产线方式中去除。 和传送带生产线一样，它为直线型，由多个劳动者分段承担流程。 工作台和工作台之间有放置半成品的地方，劳动者完成自己的负责流程段之后，将半成品交给下一个流程。

◉U 字形生产线（流程分割生产）

也是由多个劳动者分段负责流程，不过和传送带方式相比，劳动者人数减少。 因此每个劳动者所担任的流程段数增多了。 由于是 U 字形，半成品的出口和入口之间距离变短，半成品都是面向通道放置。

◉单人货摊式生产方式（单人生产）

这是一种由一个劳动者在一个固定地方进行组装的生产方式。 他负责的流程段数很多。 围绕着工作台设置了一个架子，所有的零件都放置在架子里。

◉货摊式巡回生产方式（单人生产）

每个劳动者一边在作业台之间进行移动，一边进行组装的方式。在工作台上放置着工程所必需的零件，劳动者在移动半成品的同时，在不同的工作台之间更换。

◉巡回生产方式（单人生产）

在U字形生产线中，单个劳动者一边随着半成品一起移动，一边进行着全部流程的操作。按照操作顺序，确保每个部件的完成。因为要跟着半成品跑，所以被形象地形容为“追兔子工作法”。

从这5个基本分类的介绍中可以看出，各单元式生产方式主要存在以下三点不同：

①单人生产还是分段生产？

②劳动者是在固定地方操作还是在移动中操作？

③是直线型还是非直线型？例如U字形。

如果加上部分流程的传送带和自动化机械的有无等因素，差异会更多。

关于传送带和5种单元式生产方式，我们从（1）生产效率；（2）质量；（3）物流；（4）所占空间；（5）应对变化的能力；（6）投资的观点等角度，进行了定量和定性的分析。详见图1-2和表1-1。

表 1-1 传送带生产方式和单元式生产方式的定量分析（1）

<table>
<tr><th></th><th>传送带</th><th>无传送带</th><th>U字形生产线</th><th>货摊式</th><th>货摊式巡回</th><th>巡回</th></tr>
<tr><td rowspan="3">生产效率</td><td colspan="3">产生组合方面的损失</td><td colspan="3">没有组合方面的损失</td></tr>
<tr><td colspan="4">操作中没有无效率的行走</td><td colspan="2">在机床之间来回行走，产生了无效率行走</td></tr>
<tr><td></td><td colspan="3">由于互相帮助，损失降低</td><td colspan="2"></td></tr>
<tr><td rowspan="3">质量</td><td colspan="3">劳动者的质量保证责任：整个流程</td><td colspan="3">劳动者的质量保证责任：产品</td></tr>
<tr><td colspan="3">由第三方检查</td><td colspan="3"></td></tr>
<tr><td colspan="2"></td><td colspan="4">自我检查</td></tr>
<tr><td rowspan="2">物流</td><td>工程间搬运：传送带</td><td colspan="2">工程间搬运：手工</td><td>工程间搬运：无</td><td colspan="2">工程间搬运：机车</td></tr>
<tr><td colspan="2"></td><td>大件物品供给困难</td><td>可向多个地方搬运部件</td><td colspan="2"></td></tr>
<tr><td rowspan="6">应对变动能力</td><td colspan="6">增产时</td></tr>
<tr><td colspan="3">组合发生变化</td><td colspan="3">组合没有发生变化</td></tr>
<tr><td colspan="3">不熟练劳动者也能应对变化</td><td colspan="3">只有掌握全部流程的熟练劳动者才能应对减产时</td></tr>
<tr><td colspan="6">减产时</td></tr>
<tr><td colspan="3">组合发生变化</td><td colspan="3">组合没有发生变化</td></tr>
<tr><td colspan="3">需要进行操作培训</td><td colspan="3">不需要进行操作培训</td></tr>
<tr><td>投资</td><td>传送带的投资很大</td><td colspan="2"></td><td>每个工作台都要配置工具</td><td colspan="2"></td></tr>
<tr><td rowspan="3">其他</td><td colspan="3">流程之间存在延迟</td><td colspan="3">流程之间不存在延迟</td></tr>
<tr><td colspan="3">负责的流程数少，容易培训</td><td colspan="3">负责的流程数多，培训起来很难</td></tr>
<tr><td colspan="3">很难处理其他业务</td><td colspan="3">很容易处理其他业务</td></tr>
</table>

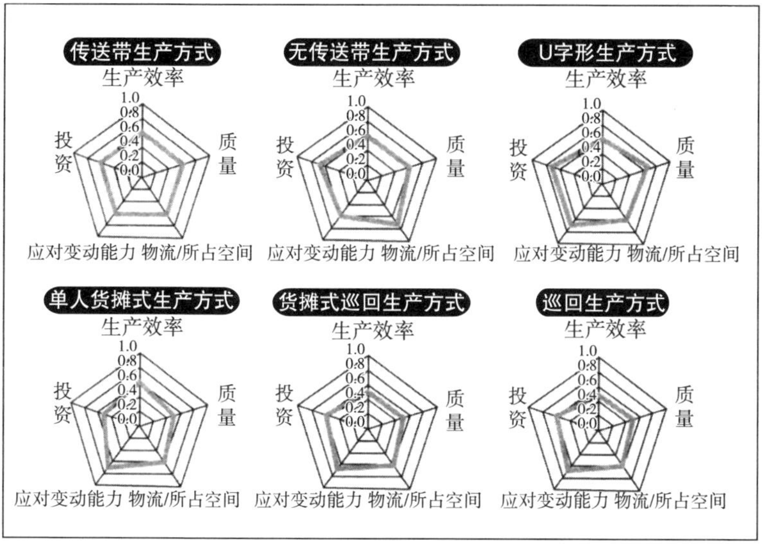

图 1-2　传送带生产方式和单元式生产方式的定量分析（2）

表 1-2　传送带方式和单元式生产方式在引入时的问题比较

生产效率

研究课题	传送带	无传送带	U 字形生产线	货摊式	货摊式巡回	巡回
1. 降低组合所产生的损耗	○	○	○			
2. 降低搬动/步行巡回等所产生的损耗			○	○	○	○
3. 降低切换机种所产生的损耗	○	○	○			
4. 便于活用 USE 时间的操作布局			○			
5. 操作任务的维护方式（任务管理）		○	○	○	○	○

质　量

（续表）

研究课题	传送带	无传送带	U字形生产线	货摊式	货摊式巡回	巡回
1. 防止低级错误发生	○	○	○	○	○	○
2. 防止忘记组装部件				○	○	○
3. 分层管理法				○	○	○
4. 劳动者共享质量信息				○	○	○
5. 技术支持/替换人员造成的差别	○	○	○			
6. 劳动者之间质量的差别				○	○	○

物　流

研究课题	传送带	无传送带	U字形生产线	货摊式	货摊式巡回	巡回
1. 可向多个地方供应部件				○		
2. 流程间的搬运方式			○	○		
3. 大件部件的供应方法				○		

所占空间

（续表）

研究课题	传送带	无传送带	U 字形生产线	货摊式	货摊式巡回	巡回
1. 劳动者之间的间距影响		○	○			
2. 便于拿取部件的操作区域布局				○	○	○

该实验的实施期在单元式生产方式引入之前，所以我们的着眼点放在各种生产线之间的差异上。不过，选择何种生产方式，是由产品的大小、重量、形状、生产量、人员数量和技能、工厂的空间、物流等诸多因素决定的。在表 1-2 中，我们比较了引入不同生产方式时的不同课题。单纯从实验结果来看，是无法判断各种方式的优劣的。

最核心的问题是，我们的目的不是判断何种生产方式是正确的，而是要以一种灵活的态度，根据产品和环境选择最佳方式。归根到底，生产活动的目的是为了高效、优质地制造产品。所以如果最终没有达到增加利润的目的，那就毫无意义。迷失了这一目的，只是执著于某种生产方式的话，摆脱传送带也就毫无意义了。

之所以强调灵活性，是因为某种生产方式一旦成功，人们就会坚信“它永远正确”。根据情况，随机应变地组织生产线原本就是单元式生产方式的优势。正如在第三章、第四章的事例中所介绍的那样，由于日积月累的改善，现实中的制造生产线每天都在进化。如果落入固定的模式，就会损害单元式生产方式本来所具有的适应性，阻碍它的进化。

以佳能电子为例，秩父事业部、美里事业部、赤城事业部等三地，就活跃着各种各样的单元式生产方式的生产线。光是布局就有直线型、U 字形、花瓣型（从上向下看，像花瓣盛开）、货摊型等具有代表性的形状。生产线的长度、劳动人数、任务时间也各有不同。其中还有保留部分传送带的生产线、大部分自动化了的生产线，还有乍见之下不像单元式生产方式的生产线。它们并不是一开始就经过计划构建起来的，它们原本是建好的生产线，经过一天天的改善，才形成了今天的形态。生产线的形态折射出了劳动者们的创意和努力，这也是单元式生产方式所具有的适应性的体现。不拘泥于形式，随机应变地构建生产线，这样才能实现生产的真正目的。

单元式生产方式最重要的是质量和熟练度（提高生产效率）

我还要介绍一个同时期的实验数据。它是一个工作台生产方式与 U 字形生产线的比较实验（图 1-3）。

这个实验中，组装的是同一种产品，将工作台生产方式和 U 字形生产线的特征表现得淋漓尽致，并且还将它们和传送带方式进行了比较。实验时间为工作台生产方式 32 天，U 字形生产线 27 天。

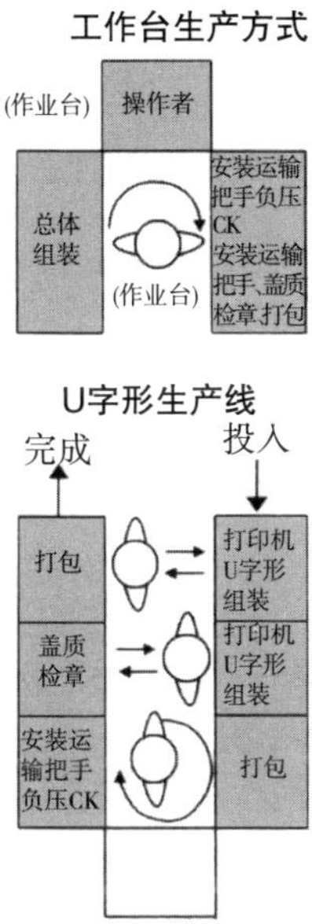

1 产品对象
BJ打印机A2000

2 单元式生产方式中的考察对象
工作台生产方式和U字形生产线（参照左图）

3 操作范围中的考察对象
组装打印机单元、打印机主体，工程内部检查、打包

4 选择的操作步骤
工作台：2个新人，1个熟练工人（皆为女性）

5 实验时间
工作台：32日
U字形：27日

6 任务管理
利用定时器，通知一个周期所用时间

图 1-3 宫崎 DAISHIN 佳能的比较实验概要

由于是 1990 年上半年的实验，用今天的眼光来看，它所验证的都是最基本的东西。正因为如此，它反而是生产方式最根本的比较。验证项目主要有以下 4 点。

(1) 和传送带生产方式的生产效率比较

探究生产效率上差别的发生原因。

学习单元式生产方式中提高熟练度和生产效率的诀窍。

(2) 对质量的影响

学习消灭因操作遗漏造成的质量问题的诀窍。

(3) 监督者、后勤负责人、部件供给负责人进行技术支持的方法

管理的负荷、方法及常见的错误。

(4) 操作者意识上的变化

是否提高了积极性、认识到劳动价值。

如图 1-4 所示，记录了从生产线组建之日起，每人每天的生产台数的变化。

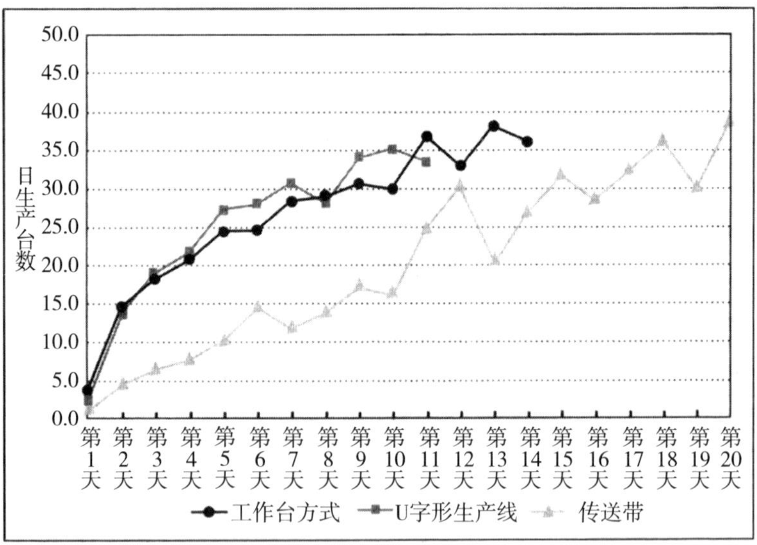

图 1-4 完成台数（曲线图）比较（每人每天）

在这个实验中，对于单元式生产方式和传送带方式的不同之处，得到了以下 6 点结论。

（1）根据熟练程度的判断，单元式生产方式的生产效率并不比传送带生产线低。

（2）对于操作者的积极性有好的影响。

（3）很容易发生忘记安装零件等低级错误。

（4）可以降低设备投资。

（5）空间利用率比传送带生产线要高。

（6）增加了零件供应的负担。

虽然从实验到现在已经 10 年了，这里所指出的优、缺点在今天的单元式生产方式中也没有根本上的变化，看一下第三章和第四章中所举的事例就可知。在今天，上述的优点正在加强，同时我们还采取了许多措施弥补了上述缺点。

在实验中，作为单元式生产方式的弱点而广受指责的是“质量”和“熟练度（生产效率）”方面。

正如上述特征所指出的，单元式生产方式由一个操作者担当多个工序，很容易发生忘记安装零件等低级错误。作为初步的对策，我们研究出了许多措施：如向劳动者介绍了因操作失误而引起的事故；通过核实产品数和剩余零件数，对漏装零件进行检查；在产品上挂上写着操作者姓名的产品卡等。

而“熟练度”的问题是由多能化引起的，我们采取的策略是针对产生延迟的操作瓶颈，在传送带生产线上进行集中训练。

对于“质量”和“熟练度（生产效率）”不如传送带方式的指责，已经不再适用于今天的单元式生产方式了。劳动者的自我意识已经解决了这一部分的问题。和传送带生产线相比，在单元式生产方式的生产线中，操作者的意识对于质量和生产效率有更大的影响。当时实验的结论中包括了“对于操作者的积极性有好的影响”这一特征。其实可以反过来说，单元式生产方式是否成功的关键就在于操作者的意识。这一点非常的重要，所以我们会在第二章中进行详细的解说。

提高操作者的积极性

如上文所述，20 世纪 70 年代起，专业杂志上就介绍了“无传送带”生产方式。当时，针对这一崭新的生产方式探索的就是如何对员工的意识进行激励。有人指出，传送带方式的分工过于发达，一个人所负责的操作被细分化、定型化。这对于人们来说，显然过于单调。

虽然不像卓别林的电影《摩登时代》里的情节那样夸张，不过从很早起，就有人认为，细分之后的操作很难带来产品制作完成后的喜悦感和成就感。在 20 世纪 70 年代“摆脱传送带”之所以受到关注，就是因为除了能提高生产效率，它还以“回归人性”为目的。

在《工厂管理》1976 年 1 月号上，编辑部提出了“创造以人为中心的崭新工作系统”的观点。在文中，指出了“职业扩展化（job's enlargement）”和“职业充实化（job's richment）”的方向。它的目的是将过于细分的工作框架弹性地扩大，给过于定型化的工作留出自主计划的余地和更多的自我空间。重新设计工作的结构，让操作者们能享受到“充满干劲和完成后的充实感”。

由于过于细分的操作缺乏个性，很容易让人感觉到过度的疲劳和倦怠。而单元式生产方式却是以制作的乐趣为基础的，它让每个人都自觉地想要提高自己的技能。这和传送带产生之前的生产活动一样，依靠“匠人气质”和熟练工人的自尊来支撑，是自发性的努力，不仅制造生产线得到最优化，甚至可以实现全工厂乃至全公司的活力。

佳能自创业以来，其经营哲学中就有“三自精神”。所谓“三自”，为自觉、自发、自治。佳能的组织传统就是培养每一个人面对工作的主体性。

如果将强调自主性和工作范围扩大化的《工厂管理》的点评和佳能的“三自精神”结合起来考虑，就会明白佳能在 20 世纪 90 年代后期起通过以生产为中心的生产革新，最终取得成功的原因。

可以说，单元式生产方式是一套让劳动者拥有积极性和成就感，并在工作中实现了主体性的生产系统。

单元式生产方式有效削减设备成本

20 世纪 90 年代中期，单元式生产方式受到关注的原因之一是生产基地的海外转移。当时正值日元升值（1 美元兑换 85 日元），日本的制造业开始从工厂迁向生产成本较低的亚洲诸国。

在传送带时代，工厂也曾向海外转移，不过多是建造含有重型设备的大型工厂，并雇用人数众多的员工。多数的转移并不以提高生产效率为目的，多是以消除贸易顺差为目的的地域政策性投资。

20 世纪 90 年代的工厂转移和传送带时期相比，对于成本和效率要重视得多。于是设备成本较低的单元式生产方式开始进入人们的视线。

如果使用传送带方式的话，传送带和自动仓库等部件设备要花费巨大的成本，从规划阶段起，工厂创建和转移的周期非常长。而使用单元式生产方式的话，只要确保空间够用，准备好基本的作业台和零件库，创建工厂所需的成本和时间就能大幅缩短。因此，我们所采取的方法是，首先在国内工厂中将单元式生产方式的体制建立起来，然后向成本低廉的地方转移。

使用单元式生产方式的工厂即使是在启动之后，依然可以很容易地根据情况进行布局变更和转移。在佳能电子中，布局变更只需工作时间之外的几小时就可能完成。至于转移工厂的速度，规定时间为一天，从下班后开始搬家算起，第二天下午生产线就可开动了。

此外再加上设备成本的压缩，制造生产线变得“苗条”了。 这也是单元式生产方式的特征之一。

单元式生产方式的缺点

正如 20 世纪 90 年代前半期的实验所指出的那样，单元式生产方式也存在不如传送带的地方。

第一，生产效率容易不稳定

在传送带方式下，可以根据传送带流动速度管理任务时间（完成一个产品的时间），每个人所用的操作时间可以很精确地设定。 在单元式生产方式下，一个人负责多个流程段，技能的个人差别非常显著，很难对全工厂的生产量进行管理。 再精确一点的话，即使是同一个操作者，一天中的速度也有快有慢，很难像传送带方式那样，将任务时间维持在固定一点上。

第二，不良率较高的问题

虽然称单元式生产方式能“很快地发现不良品”，但也不能一概而论。 倒不如说，在传送带方式下，由于每个人对于自己的那一个操作都很熟悉，一有异常马上就可以发现。 即使某个操作者没有发现，整个生产线上总有人会发现。 在单元式生产方式中，如果某个操作者没有发现异常，那么在完成组装工作之后，就会产生大量的不良品。

这些弱点其实是单元式生产方式所具有的灵活性优点的另一面。构成相同的两组单元式生产方式的生产线上，速度和质量也会产生差异。看上去很细微的差别，在一个月、一年之后也会形成巨大的差别。

如何消除这一差别，稳定地提高整体生产效率呢？在单元式生产方式中，解决这一问题是非常重要也是非常困难的。

在单元式生产方式中，生产效率和质量水平取决于每个操作者。所以一定要重视操作者的意识和生产现场全体人员的意识。

导入单元式生产方式之后，很意外的是，许多按照固定模式实施的工厂都失败了。单元式生产方式的弱点就在于，单靠固定模式是无法掌握的。在这一点上，它和谁都可以操作的传送带方式有很大的不同。

在单元式生产方式中，一味地钻技术理论的牛角尖是无法得到实际成果的。作为以人为本的生产方式，一定要把人作为中心来处理。

我经常对其他公司的人说：“佳能电子之所以获得成功，靠的不仅仅是单元式生产方式，而是单元式生产系统。”关于这一点我将在第二章之后的章节中进行说明。

第 2 章
单元式生产系统改变意识

若要引入单元式生产方式，员工自发意识的改革势在必行

如第一章所述，引入单元式生产方式的主要目的是清除传送带时代厚厚污垢般的“无用功”。最后的确也取得了提高生产效率、提高质量、降低成本、削减占地空间的效果。

不过，光改变生产方式并不能消除工厂的“无用功”。单单采取废除传送带、由少数多能化工人组装的形式，并不能充分发挥出单元式生产方式原本所具有的优势。甚至可以说，单元式生产方式的弱点之一就是很容易陷入这样的形式主义。

我们反复在说，单元式生产方式的最大效果体现在劳动

者的意识上。劳动者重新找到了劳动主体性，体会到了做产品的成就感，提高了工作带来的价值感和满足感。劳动者的意识高涨之后，不仅可以提高生产效率，还会自发地进行操作改进和业务改进。由此可以进一步塑造出可实现高度发达的生产活动的制造生产线。这种意识上的变化直接关系到工厂的最终目的——利润，这才是成功的单元式生产方式的重中之重。也就是说，引入单元式生产方式的成败在于员工意识的高涨是否带来了自发的改善行为。

在引入单元式生产方式的企业中，有时也会由于员工缺乏积极主动的努力，从而无法发挥原有的优势。单元式生产方式没有发展为全公司性的改革，工厂也无法提升利润。

佳能电子也不例外。在我就任社长之前，单元式生产方式已经在各工厂的生产线上推广了。可是生产效率也仅仅比传送带生产线高一点点。虽然是单元式生产方式，工厂中的无用功部分非常多，速度迟缓，不良品率也一直居高不下。

原因在于管理层以下即劳动者的意识。此外，公司内部也没有意识到单元式生产方式是意识改革的利器。

当时的佳能电子仅仅是勉强赢利的公司，但实质上和亏损企业差不多。各个工厂都没有精益求精的习惯，包括非生产部门在内的全公司都是如此。在我看来，这种缺乏紧张感、温吞水般的风气真是病入膏肓。

从生产方式的观点来看，这也是传送带遗留下来的组织作风。

如第一章所述，使用传送带的生产方式并不比单元式生产方式差。单纯进行比较的话，二者之间并没有效率差。

不过，长年持续一种生产方式的话，劳动者的意识就会被框框所局限。这种局限对全体组织都有影响，它妨碍了自由思想——而这种思想最适合达到目的，从而导致僵化。

当时的佳能电子需要的是将淤积了近三十年的组织中的毒脓一口气挤出来。这是重新打造高利润企业的第一步。

为此有必要推进意识改革，让每个人都自发地思考、行动。就算自己不是社长，每个人也都对组织管理有自己的见解，只是采用何种方法和手段的问题。

我认为，意识改革将单元式生产方式中的优点彻底激活了。提升员工自发性的单元式生产方式能带来全工厂的变革。进一步，它会由工厂开始，发展为全公司的风气改革。这正是佳能的御手洗社长实践并最终取得成功的“路线图”。

从单元式生产方式到单元式生产系统

制造业公司大致分为研发、制造、销售等三个部门。其中能直接增加销售额的是研发和销售部门。制造部门无论怎样提高生产效率、降低成本，如果研发部门设计不出有魅力的产品，就无法被市场所接受。还有，将产品送到真正有需要的消费者手中的是销售部门。如果这个部门不给力的话，销售额也不会提高。

从这个意义上说，制造业的竞争力源泉是研发和销售。从全公司来看，制造部门的附加值不过百分之十几。产品的质量80%是由研发部门决定的，制造环节中可以改善的也不过两至三成。

那么，单元式生产方式引起的生产革新是如何发展为全公司性的结构改革呢？

◉工厂的风气改革有目共睹

从这个意义上来说，工厂最能体现人事管理的水平高下。

研发和销售的改革是变化的曲线，很难用肉眼来观察。而在工厂中，改革的进程体现在制造生产线上。每天的改善都直接地反映在生产线的人员和生产量上。

◉工厂的改革波及效果显著

制造部门在全公司中位于研发和销售之间，这也加大了它对全公司的波及效果。制造业的人一定有所体会，研发部门的人、销售部门的人经常会去工厂亲自目睹改革的过程。为此，进行全公司改革的准备之一就是打破部门之间的壁垒。这样在工厂中已经取得成果的意识改革就会很容易波及其他部门。在制造业中，从工厂开始进行“公司大变革”是非常有成效的。

人们很容易将引入单元式生产方式仅仅误解为制造部门

的生产革新。其实，工厂的生产效率提高之后，研发和销售部门也会随之发生变化。此外由于大量人员剩余，调往其他部门，经历过意识改革的人员就会产生流动。这样单纯的制造部门的改革就会扩大为全公司的结构变革。为了区别于工厂的单元式生产方式，我将以工厂单元式生产方式为起点的全公司的结构称为“单元式生产系统”。

意识变革要从干部开始

一条每个员工都带着主体意识进行劳动的制造生产线，是“单元式生产系统”的起点。要想建起一条这样的生产线，干部的意识首先要有所改变。

如果干部的意识有了改变，部下们的意识就会随之改变。在组织中，如果负责人的态度有了明显的变化，部下们也会觉察出来，从而让自己来适应新情况。这样就会带来自发的意识改革。

我们不愿看到的是部下们想改变而管理者却一成不变的场面。在由传送带方式向单元式生产方式转型时，一线生产员工会较快地领会到新生产方式的好处。而在传送带方式下培养出来的干部却迟迟不能转换头脑。在单元式生产系统中，成为改革瓶颈的恰恰是那些“守旧派”，一定要改变他们。

经营者的作用也许就在于能在多大程度上激励管理人

员。 如第三章、第四章的实例所述，我到佳能电子后，用尽了各种办法激励管理人员。 管理人员是在多次得到“提醒”之后，才开始很艰难地接受意识改革观念。 我会时不时地讽刺一下他们，有时也会让管理人员之间进行竞争。 当然如果看到他们有进步，我也不会吝惜奖励。 一点一滴的“觉醒”积少成多，管理人员的意识变革逐渐加快了步伐。 由此生产线也开始了改变。

改变自上而下——全公司改革亦同理。

我到佳能电子后不久，就将两个常务撤离了生产线业务，然后又雷厉风行地接连将他们降为部长、代理课长。 向拒绝改变的人们显示了我绝不留情的决心后，组织内部开始充满了紧张感，生产现场的意识也骤然变化。 不过，我并没有解雇他们。 毕竟只是降职处理，还是给失败者以“复活”的机会。 实际上，在公司中，降级的人在数年内又“青云直上”的例子并不少见。 不过，只有进行自发的意识改革的人才有可能“复活”。

要想加快改革速度，从组织的上层开始着手无疑是一个好方法。 因为它可以让员工感觉规则公平，赏罚分明，并能表明经营者的决心。

“二传手”上司毫无用处

不论组织大小，管理层千万不能陷入的误区就是“二传手体制”。

比如说，我问某个事业部部长：“那件工作怎么样了？”这时如果事业部长回答说：“这件工作我交给了 A 君，我马上叫他过来。”那他就是一名失职的部长。因为他没有“这是我的工作”的责任意识。我特意把事业部长叫来，并不只想得到这样的说明。如果是这样的话，我干脆直接问 A 君就好了。用那么高的薪水雇事业部长岂不没有意义。

那些接到“传球”的部下知道没有上级关注，就会随心所欲地处理工作。如果有 10 个部下各行其是的话，所有的环节都会出现“无用功”。如果让凡事都交给部下去做、没有责任心的人掌握了权力，公司内部的无用功就会无限地滋生，这必然会导致赤字。

不仅如此，“二传手体制”还会由上级传染给下属，并在公司中蔓延。下属们会把自己应该做的事“传”到公司外。这也会产生大量的“无用功”。而且，如果公司内部失去了能完成工作的人，工作就会在无人负责的情况下进行，形势可以说非常危险。随着外包业务越来越发达，有许多公司内部已经出现了“空洞化”。这时即使有人批评说“缺乏责任意识”，大家也都会无动于衷。

如果“来自上级的指示”和“源自下级的汇报”都正常进行的话，是不会产生“二传手”体制的。在佳能电子，作为意识改革之一，从 2002 年起推行了“正确指示和汇报运动”（图 2-1）。

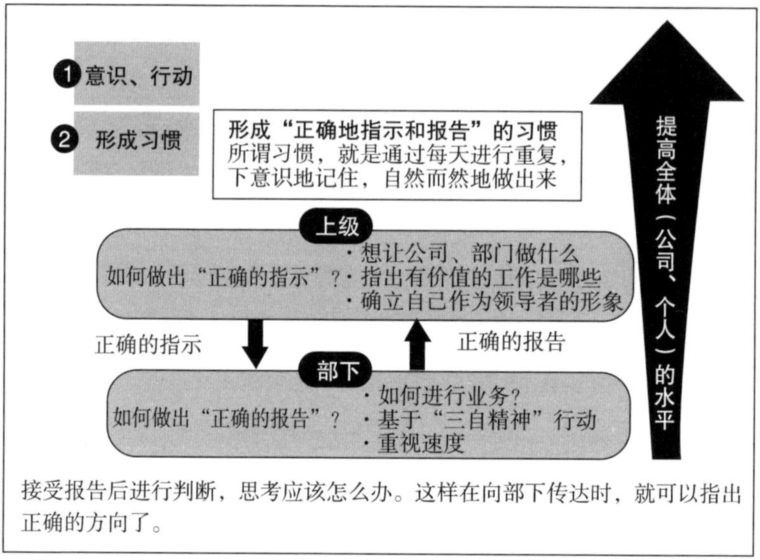

图 2-1　正确指示和运动

正确的指示和汇报左右着公司的未来。 现在就要变革大家的意识！

"您的指示想传达什么信息？"

"您的汇报被正确解读了吗？"

这两条标语是通过公司内部公开征集选定的。"正确的指示"和"正确的汇报"自然而然会将"（1）意识、行动"的变革和"（2）形成习惯"贯彻到底。

值得注意的是，如果以错误的形式贯彻指示和汇报，生产现场就会产生一大批"等待指示族"。

佳能电子本来就有着"三自精神"，后来又推进了促进自发活动的“原子运动”。在它们初见成效的时候，才开始了“正确的指示和汇报运动”。如果不是自发行动在先，指示和汇报就无法正确地实行。一定不要忽视了这一点。

管理部门的合理化

在单元式生产系统中，不仅是制造生产线，管理部门也要同时推进改革。

一般来说，人们公认在单元式生产方式下的产品库存和半成品库存比传送带方式要少。不过如果单在制造生产线方面下工夫的话，库存是不会减少的。要想减少产品库存，就必须加强生产管理，强化和销售的配合。而要想减少零件的库存，就要加强采购管理，做好和零件厂商的配合。也就是说，这些相关部门的工作会对单元式生产方式产生很大的影响。

进一步说，从研发部门到销售部门，如果这些“供应链”（supply chain）部门不能得到有效的控制，那么位于中心位置的制造部门就无法提升效率。在佳能电子中，以单元式生产方式的引入为契机，研发和销售部门的变革也被激活了。

“工厂已经发生了变化，我们自身也必须改变。”

当其他部门具有这种意识之后，单元式生产系统这一全公司性的结构改革才能气势如虹地进行下去。相关部门在支持制造生产线高效化的同时，也推进了自身的高效化。

如果改革只局限在工厂内，而掌握生产线的管理部门的改革却远远滞后的话，最终改革也成不了大气候。可以说，职场的无用功更多地存在于管理部门中。因此我们提出了“制造生产线已经发生了巨变，管理部门怎么能一成不变”的口号。关键就是以单元式生产方式为契机，一鼓作气将改革的波浪扩展开来。

不过，管理部门对变革的抵触是很强烈的。如果他们中间有影响力很强的人物，改革就很容易半途而废。就算社长坚决地将之降职，也很难跨越他们的障碍。

单元式生产系统改变了公司内的意识，改变了信息的流动，最终也将改变物品的流动和金钱的流动。如果变革只停留于生产改革，最多只是降低一些成本，并不能让公司的销售和利润增加。

目标设定要简单

意识改革的关键在于设定目标。如果不能正确地设定目标，那么无论再怎样整理环境、惩罚员工，员工意识改革也不会有进展。

在我就任佳能电子社长伊始，就提出了两条全公司的目标。

· 成为世界顶尖的高利润企业

· 实现“TSS1/2”

所谓“世界顶尖的高利润企业”，是指销售毛利率在15%—20%的企业。1999 年，当时的佳能电子毛利率只有1%。虽然勉强算是赢利企业，却有着大量的借款和不良资产，所以实际上是亏损经营。我的目标是将销售毛利率 1%提高 10 倍以上。佳能电子的老员工和干部们似乎都觉得这是一个不可能完成的任务。虽然没有人当面反对，可暗地里他们都在看我的笑话。

所谓“TSS1/2”是指，将 TIME、SPACE、SAVING 降到现在的一半。具体来说，是将时间、空间、不良品、人和物的移动距离、二氧化碳的排放量减少一半。

我还加了一句：“如果实现不了，就把人员减少一半。”

“TSS1/2”在引入单元式生产方式的第四年，即 2002 年成功实现了。这就证明，乍看上去像是不可能完成的任务，在进行了四年的不懈努力之后，还是可以完成的。我还要重申一遍，这不仅是工厂的改善，包含营业、管理部门在内的全公司都将时间、空间、人和物的移动距离减了一半。

“TSS1/2”实现之后，从 2003 年起，我们又开始了“TSS1/4”活动。我们的目标是三年间达到 1/4，是 1999 年的 1/8。

在“TSS1/4”中，我们提出了“EFFECT4”作为具体方针。

E：Energy（能量提高 4 倍）

F：Failure rate（不良品率降低 4 倍）

F：Factory（工厂效率提高 4 倍）

E：Environment（环境循环效率提高 4 倍）

C：Creativeness（研发效率提高 4 倍）

T：Total（总体效率提高 4 倍）

“TSS1/4”的活动于 2005 年 12 月结束，并达到了预定目标。这一过程将通过第三章、第四章的事例进行介绍。

这些目标在当事人看来有些不现实，其实是按“经过努力可以达成”这一标准进行设定的。虽然看起来很平常，但这里却体现了目标设定的“感觉”，同时也体现了领导者的水平。

如果我在 1999 年一下子就定下了“TSS1/8”的目标，会怎么样呢？由于不可能实现的印象过于强烈，员工们的努力意愿一定没有现在这么高涨。我的诀窍在于，经过四年的时间实现“TSS1/2”让员工有了巨大的成就感；然后让他们趁热打铁转入“TSS1/4”活动。

另一个关键点是，我将“1/2”、“1/4”“4 倍”等简单的数字作为目标。

生产速度提高 2 倍；

制造生产线削减 1/2；

产品和零件的移动距离达到 1/4。

具体数字化的目标令人一目了然，大家自然会想怎样做才能达到。时间、距离、宽度等物理要素可以在每天的业务中进行测定，能很容易地对进度进行评价。

在达到目标之前，我几乎从不做出详细的指示。一般的员工当然不用说了，就算是对管理者，我也不会作具体的指示。

“你所在的生产线还是很慢啊！”

“这样做可不行啊！”

我只说一些类似于感想的话。当然，如果让我像一个顾问似的，指出需改善的地方，对生产现场进行改造，也并非难事。我不这么做的原因当然无需解释。若要重视员工的自主性、改善的持续性，必须让他们自己从零开始思考。如果由我来干的话，很容易剥夺他们的自主性。

生产现场在一点一滴地积累微小改善时，需要员工极大的耐心，对此保持缄默的经营者也需要很强的耐心。

我到佳能电子后提出的“成为世界顶尖的高利润企业”这一目标，离现实已经越来越近。截止到 2005 年的 6 年间，销售毛利率从 1.5%（1999 年）飙升至 13.2%，增长了 8.8 倍。

给改善活动以成长的空间

尽可能地设定简单的目标，却不指出一个个的具体改善方法。为了激发出员工的自主性，经营者的任务就是在生产现场动起来之前，耐心地等待。

虽说如此，但光设定目标不会有任何效果。 虽说佳能集团有“三自精神”的传统，但是仅凭传统，并不能完成这一让所有员工都动起来的全公司结构改革。

重要的是，要让员工们把“自发性的改善活动”当做自己的事来做。 如果全体员工投入到改善活动中去，那么只要设定好目标，结构改革就会启动。 经营者一定要为之创造氛围和成长环境。

具有 50 多年历史的佳能电子，过去曾引入了 TQC（Total Quality Control 公司质量管理）、TPM（Total Productive Maintenance 公司生产维护）、ISO9000（质量管理体系）、ISO14000（环境管理体系）等活动，每次也都取得了成效。 从这个意义上来说，佳能有着丰富的组织改善活动经验。 不过单靠引入这些既成的改善活动是无法完成我所说的“自发性改善活动”的。

我到佳能电子上任后，在全公司开展了“世界第一运动”。 这一运动以职场中的小组为单位进行，主题由他们自己决定。 只要是对工作或公司有帮助的，什么都可以。 比如，早上准点来到公司、电话一响马上就去接等等。“世界第一运动”的意思就是在某个主题下，我们就是世界第一。

具体内容我们会在第四章介绍，总之“世界第一运动”就是为了让员工体验一下自己设定主题，并自己进行计划、实施并评价的过程。 虽然其中有游戏的成分，不过关键在于它能让员工模拟体验到自主行动和改善过程，所以“世界第一运动”取得了让我意想不到的成功。

意识改革的基础是由各种各样的活动组成的。前面介绍的“正确地指示和报告”就是其中之一。经营者的重要职责就是，不断地推行与自发性、自主性、自我发现、交流、创造相关的活动。

提高同事之间的竞争意识

“世界第一运动”一年召开两次表彰大会。它在全体员工面前对在活动中做出成绩的小组进行表彰。它不分正式员工、预备员工、兼职员工、派遣员工，向小组每个成员颁发奖状、奖金或纪念品。佳能电子无法直接给派遣人员发奖金，于是社长就以红包的形式送出礼品。

观察一下过去受过表彰的小组，并不是在管理者主导下推进活动的。大多都是成员中出现了“黑马”，从而激起了全体成员的斗志。由于目的是在于让自发活动成为自觉行动，如果要靠上司的命令行动就没有意义了。理想状态是自己一边思考，一边前进。

根据经验，过去在“世界第一运动”中受过表彰的团队，业务成绩也一定很好。所以说这个运动并不只是单纯的游戏。

如果员工在工作中做出很好的成绩，公司就要在薪水和奖金中将员工的成绩体现出来。员工们知道这个规矩后，“世界第一运动”就会让团队之间萌生竞争意识。由于这是一个有游戏性质的运动，所以所引发的竞争也是健康而正面的。

在自发的活动中，一定要是正面的竞争。比如说，在佳能电子中，做同系列的产品的车间都至少分为两个部门。即最少也有一部和二部之分。虽然合并为一个部可能也会很有效率，不过由于分为多个部门，工作内容相近的生产线之间就会产生竞争意识。我认为这最终会让全体的生产效率都有所提高。

此外，我还鼓励工厂负责人和生产线负责人到公司内部的其他工厂去参观。

“那个工厂活动搞得不错，你不去看看吗？”

我的语气很轻松，刚开始也有管理者不理不睬。近来他们已经领会了我暗示他们去的意图，都很快就去参观了。被我派去学习的那些团队，生产线的新措施都进行得很顺利，并且都在短期内取得了很好的成绩。

现在的佳能电子里，大家都养成了习惯：如果别的工厂和部门做得好，我一定要照着做。所以如果哪个部门采取了新措施并取得了成功，不用特意地去推广，公司内部自然就流行开了。

反过来说，成功实施新措施的生产线由于很快就被其他生产线所模仿，所以也不敢松懈。虽然先走了一步，不过转眼间就被别人追平了。超过，然后被反超，就这样展开了正面的竞争。

竞争只是一个方面，不同部门的同事进行合作也是常事。 他们经常一起行动，如下班后研究问题。 当某个生产线进行大规模的设备更新，其他部门就会主动帮忙。

虽说有竞争意识，不过全体员工都牢记着，大家的最终目的是为了增加公司的利润。 所以从来没有进行过有违此宗旨的竞争。 这样就形成了有利于健康、正面竞争的土壤。

将紧张感带到日常生活中

自发性改善活动的前提之一是，具备竞争意识，每天都要有紧张感。

在全公司性的结构改革中，让组织内每个人都有危机意识是很关键的。 因为这会让他们产生紧张感。 没有紧张感的组织不可能产生变革。

公司到处充满紧张感是经营者和管理者的任务。 在大多数情况下，每天的紧张感来源于对细小规则的坚持。

在佳能电子中，在停车场停车也有规则。 来我们工厂参观的人一定会发现，我们公司停车场中的汽车排列得非常整齐。 所有的车都向着一个方向停靠，而且它们都紧贴着地上画的线，没有一辆车停得东倒西歪。

制订这个规则的原因是为了不让停车场周围的树木受到尾气的伤害。 对于保护环境，佳能电子从来都是义不容辞。虽然这只是细微之处的考虑，但环保意识却通过每天的细微行动在头脑中扎根了。

如果违反了停车规则当然会受到处罚。而且处罚非常严厉，违反三次以上的员工要被开除。的确，有年轻员工因违反了三次而被罚开除的。有人也许认为“只是停车方法不对，不至于……”可是在我看来，连停车方向都不遵守的话，在团队中也一定做不好产品。如果连这么小的规则都不遵守的话，在团队中也一定是个不合格的成员。在工作中如果不遵守规则，就会埋下产生不良品的隐患。“由小见大”也是我就任之后，反复向员工说的一句话。

在停车场制订规则还有一层意义。佳能电子的秩父、美里、赤城等事业部中，有许多员工都开车上班。从家里出来时就穿着工作服，开几十分钟车就能到工厂。住得近当然很方便，但是很难进行“ON”（上班）和“OFF”（下班）的转变。

在市中心的公司上班的人能很自然地进行转变。从家里出发到车站，在通勤电车晃荡一两个小时才能到公司。在电车中，被同样是上班族的人所包围，有时还看看报纸什么的。一到公司就能马上进入上班的状态。而住得近的开车上班族，在到达公司领地后，必须在停车场从车上下来的那个瞬间起，切换到工作状态。我想让他们从那个瞬间起就具有紧张感，这就是制订停车规则的目的。

在我赴任之前，员工早上要做广播体操。我将它废除了。我对大家说：“大家都是来工作的，像体操之类的准备活动请在家完成吧。”这也是希望大家在出门时就带着紧张感。

在佳能电子的车间里，步行的速度也是有规定的。速度为 3.6 秒走完 5 米。即使是环视厂前空地，你也找不到一个慢吞吞踱着方步的人。行动敏捷可以产生紧张感，头脑的转动速度也会加快。

给员工能一直工作下去的安全感

我一直在说如何加强竞争意识和紧张感，也许有人会觉得在佳能电子工作一定非常痛苦吧。

员工之所以要热情高涨地工作，是为了让自己的企业生存下去，以保住自己的工作。如果自己企业的赢利能力不如国内的同行或海外工厂，工厂就会倒闭或是被毫不留情地迁向海外。这样一来自己的工作就被剥夺了。所有的人都有这样的危机感，因此他们要一直牢守规则，不断地继续着自发行动。

只要一有机会，我就会对员工讲这些话。佳能电子的基本原则是，只要本人不提出辞职，就不会以减员为理由解雇员工。即使现在所在的地方由于整合而失去了工作，只要员工愿意在本公司工作，他们就一定为他找到别的职位。虽然存在着公司内部竞争，却不像过分的“业绩主义”时代那样，让员工时刻害怕失去工作，每天战战兢兢地工作。

如果存在工作落后的“公司内部失业者”的话，不是本人的责任，而是经营者和管理者的责任。是否因材施用，给员工以合适的职位，并不是能由员工自己决定的。

我认为“天生我材必有用”。我们可以看到，在改变工作后，许多人的工作态度彻底转变。

比如，某个工厂的管理者抱怨说“这个人没法用”，并把他开除出生产线。我询问了周围的人，他的能力好像也不像说得那么不堪，于是就把他调到别的车间去。同样是组装生产线，但产品不同。很快，他就和别人一样地工作。不到数月，他就在新调入的车间做出了成绩，现在更成为引导大家前进的佼佼者。大概他在以前的岗位上“水土不服”吧。由于存在着这样的例子，所以我们不要很快地对员工下定论，一定要通过换岗再观察。

从其他车间的生产线上被撤下来的人中，有的在工厂绿地上帮助种树。在我们公司，因有效地削减了生产空间，拆除了不少建筑物。于是就在上面种上树木进行绿化。工厂有了被削减的员工，我想：让他们干什么好呢？就让他们去种树吧。我本想只要不把树种死就行了。可他们却把绿地种得郁郁葱葱的。庭园漂亮得让每个来工厂参观的人都很佩服，都说“修剪得真好”。我就问他们本人为什么能做得这么好。原来每个周日，他们都去园艺培训班上课，当然就做得好了。对于他们本人来说，虽然从工厂的生产线上被撤下来，却还给他们找到了新工作，都非常感动。感动之余，当然会热心地投入到种树的工作当中了。

既然有这样的例子，经营者和管理者的重要任务就是怎样才能给他们找到能让他们专心致志的工作呢?

成为“倒霉”的公司内部失业者之后，不仅浪费人工费用，这些人还会在公司内“无恶不作”，闲着的时候散布别人的闲话，或是向上司传送错误信息，扰乱上司的判断，简直是害群之马。所以在他们还没有“作乱”之前，赶快给他们找到新的有价值的工作，把他们调过去，这对本人和公司都有好处。

员工只要认真努力地工作，就不会被夺去工作——这种安全感在工作中非常重要。如果没有这个基础，大家就不会有干劲，也不会有提升自己的动力。

只有认识到竞争意识和紧张感对于提升自己是有益的，自发的活动才能有所发展。

“觉醒”是关键

引入单元式生产方式的根本意义在于，员工的意识改革会发展为全公司的“单元式生产系统”。为了打好基础，佳能电子通过“世界第一运动”，进行了自发活动的模拟实验，并强化职场同事之间的竞争，创造每天都不失紧张感的氛围。

作为经营者，我所采取的方针是：只为所有管理者提供意识改革的契机，而不提出任何具体的方法。只不过，为了让员工们“觉醒”，我在基础教育方面花了很大的力气。

开始，我大力地开展以目标管理、时间管理、5S（整理、整顿、清扫、清洁、素养，以上五个单词的日语音节均以“S”打头。——译者注）为基础的学习。从管理层开始，为了让全公司员工浸泡在学习的氛围中，我们甚至动用了社会上的培训机构。和别的公司一样，也是实践经验和理论学习并行。

此外，我们对读书等自我学习行为进行奖励。一方面将传送带时代所积累的无用设备和工具像灰尘一样清除出去，一方面又将与之相关的文献当成宝贝收集在一处。秩父事业部的资料室一年365天，24小时全天开放。我规定，只要待在这间屋子里，就算是加班。设备和工具在需要时可以重新购入，而珍贵资料一旦丢弃就再也找不回来了。我之所以能由30年前的摆脱传送带方式想到现在的单元式生产方式，就因为我将这些旧文献当成宝贝一样地保存在手边。如果将多年积累的知识和经验丢弃，对于组织来说将是重大的损失。有许多经营者并没有意识到这一点。我们处于今天这样一个无法预知未来的时代，如果不温故知新，借鉴过去的话，就找不到解决问题的答案。培训中听来的知识是有限的，必须让每个人凭自己的好奇心和努力去寻找答案。

在单元式生产方式中，如果员工像算盘珠子一样不拨不动的话，就很容易导致比传送带方式更悲惨的结果。为此，意识改革就成为必需，这一点希望大家能领会。

从下一章开始，我将以实例为基础，介绍本公司的单元式生产系统是如何实现的。第三章是关于如何才能由传送带阶段进入到单元式生产方式阶段，第四章则介绍在不同的制造生产线上应如何推进意识改革。

第3章
最快建成的生产线——美里事业部

美里事业部——IMS工厂的概要

佳能电子美里事业部

IMS（Image Management Systems）工厂

所在地：埼玉县玉郡美里町

员工人数：工厂44人，相关部门20人

场地面积：约4 700平方米

产品：扫描仪、记录器

生产台数：月产9 800台

在佳能电子中，最先建立单元式生产方式的要算是美里事业部的IMS组装生产线了。IMS是Image Management Systems（影像管理系统）的简称，它制造的是微型胶卷机器和 IMS 数字网络的配件、扫描仪和文件记录器。

IMS 组装生产线的特征是，运转速度非常快。所以，和其他生产线相比，员工的动作也要特别快。而且切换生产线以便在同一流程中生产不同产品的时间也特别短。不仅在公司中，即使是在佳能集团中，也是速度首屈一指的单元式生产方式生产线。

在我就任社长的 1999 年，这个 IMS 组装生产线在公司里是速度最慢的生产线。因为太慢了，我称它为“蜗牛车间”。

可是这条生产线从 2000 年起有了翻天覆地的变化。从管理者的意识改革开始，经过本书后文介绍的多重改善，在 5 年间生产力提高了 4 倍。和以前相比，一件产品的组装时间只是以往的 1/4。它不仅实现了上述改善，质量也提高了。

经常有别的公司的客人来佳能电子的工厂参观。我一定会向他们介绍 IMS 组装生产线。如果是制造业的经营者，只要一见到这条生产线就会惊叹。就算是非制造业的经营者，也会被员工的全神贯注和操作速度所折服。

IMS 组装部门的概要

IMS 组装生产线的主力产品是文件扫描仪和文件记录器。它们将纸面上记录的信息高速扫描下来，以数字化的形式保存下来。比如，一台支票专用机每分钟可以读入 200 张支票的正反面，并以数字数据的形式保存下来。 它以商用为主，用于以金融机关为代表的众多企业的文档管理。

IMS 产品现有 89 个机型。 从桌面型的小个头到带脚轮的大块头，有多种多样的尺寸和重量。 从产量来分也是五花八门，有 4 天生产 1 台的机型，也有 10 个人一天能生产 250 台的机型。

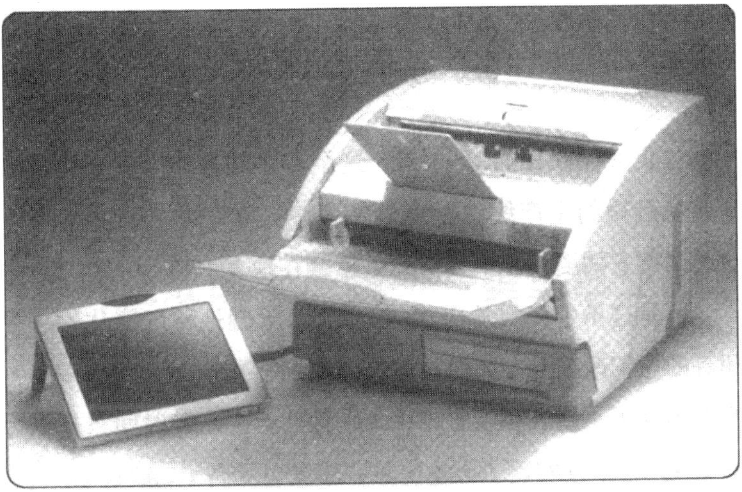

图 3-1　IMS 制品（CD-4070NW）

IMS 组装生产线的场地，长约 130 米宽 50 米，面积约为 4 700平方米，西北为零部件仓库，东南为产品仓库。 基本上，整个生产线呈直线型，即零部件库→组装生产线→产品仓库。 产品在一个方向上笔直地流动。

IMS 组装生产线中，生产效率最高的叫“多合一生产线”，由 10 个员工构成。 顾名思义，一个生产线上可以生产

4 种以上的产品（详见图 3-1）。要想在一条生产线上生产多个产品，就要切换生产线。如果切换操作占用了太多时间，就会产生损耗。这条生产线在 6 年前切换一次产品要用近 15 分钟。如果一天生产 4 个机型，就要切换 3 次生产线。这样光是切换时间一天就要花费 45 分钟。

经过改善，多合一生产线切换一次只用不到 1 分钟的时间。一天切换三次的话，能控制在 5 分钟以内。虽然少，可是一天也多了 40 分钟用于生产。这条生产线 40 分钟能组装 40 台机器，这样就增加了产量。

多合一生产线提高的生产效率超出了我的预想。我来佳能电子时，它只是一条缓慢的生产线。正因为如此，它有着提高生产效率的潜能。关键是管理者们是否意识到了这一点。

还有，IMS 组装生产线的前身，是佳能电子公司中最早用单元式生产方式组建起来的。长期积累起来的经验在 2000 年一下子开花结果了。这里，我们将一边回顾 IMS 组装工厂的历史，一边介绍我们是如何让单元式生产方式加以进化的。

IMS 组装工程的历史

◉在采用单元式生产方式前

佳能电子中，现在处于领先位置的 IMS 事业起源于佳能的微型机器事业。在 1985 年，本公司从佳能的取手工厂接管了微型机器产品群的生产，至今已经有 20 年的生产历史了。接管生产 11 年后的 1996 年，整个事业都移交给本公司，IMS 事业部开始起步。

接管生产时，主力产品为高速拍摄纸质文档，将之保存在 16 毫米的微型胶片上。它采用了佳能传统的摄影技术和可连续送纸的复印机技术。

现在，IMS 车间的副车间长并兼任组装科科长的设乐范生从 1985 年接管佳能取手的生产起，就一直负责这条生产线，他是生产接管和生产线进步历史的证人。设乐 20 年来的经验是讲述佳能电子单元式生产方式进程不可或缺的一部分。

从 1985 年接管生产开始，IMS 组装生产线就开始了一个漫长的故事。

当时从美里事业部派往佳能取手工厂的，是包括设乐在内的四个人。在公司内部，微型机器的制造生产线就在复印机组装生产线的旁边。派过去的设乐等四名技师都是负责复印机组装生产线的。

从复印机组装生产线上组成接管队的理由之一是，他们在公司已经习惯了操作多流程段的生产线。

当时佳能电子的主力产品是相机的零部件。秩父工厂的传送带生产线的分工非常发达，大多数操作者所负责的流程段都以秒为单位。

与之相对，美里事业部的复印机组装生产线上，每人都操作一分钟到两分钟的流程。在传送带当道的时代，到处都可以看到一个人负责 1~2 分钟的生产线。

◉一个人掌握 6 个小时的流程

图 3-2　NP-600

不过，四人在取手工厂所要掌握的流程时间要远远高于上述数字。1985 年的计算机都是商用大型机。如 NP-600，制作一台需要 24 小时的工时。产量大的机型也是以 20 台为基数进行生产的。最长一台要花 3 天时间。和相机零部件不同的是，一条生产线就能完成产品的制作。

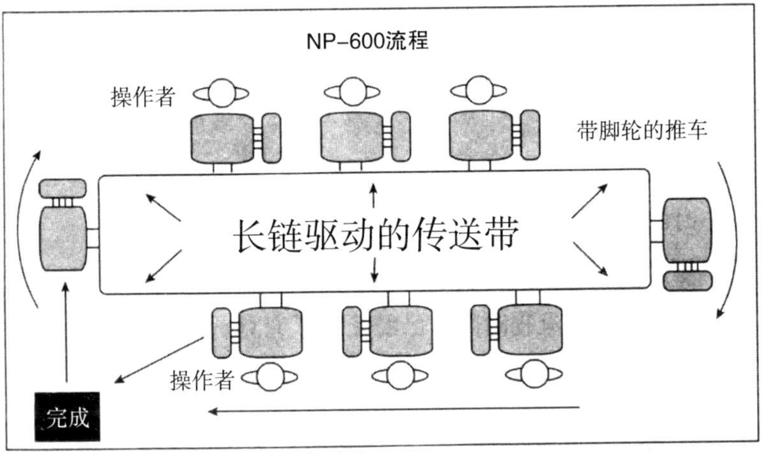

图 3-3 1985 年的 NP-600 生产线

所以，取手工厂的制造生产线的形态和大多传送带方式迥然不同。NP-600 的尺寸和大型处理机差不多，每一台都放在装有脚轮的推车上。它的生产线是由一条长链拴起 50 台机器，呈椭圆形来回旋转。

在生产线周边有 20 人左右的操作者，每台推车转一圈要大约一个小时。产品在长链的驱动下缓缓移动，操作员们将产品组装起来，或是接上推车电源进行工程检查。这条生产线当时是花数千万日元购入的，在美里事业部进行分解后运了过来。

组装一台要耗时 24 小时，由 4 人分别学习的话，每人的学习时间是 6 小时。如果 4 个人不能掌握全部流程的话，就无法接管它的生产。虽然有厚厚一本针对操作者的操作标准书，可是书中没有详细的操作方法，也派不上用场。

于是 4 个人一边画流程图，一边记录操作步骤，详细地记下了操作要点。方法要领完全和建立新产品线时一模一样。利用这种方法，大约花了一个月的时间把所有接管产品的操作步骤都搞定了。

被接管生产的美里事业部中，建了四条生产线用于生产微机产品。那时是一种机型就建一条生产线的时代。

新增的生产线长的配 20 人，短的配 10 人。每人负责近一个小时的组装操作。

操作者们曾抗议说流程时间太长。可是设乐他们靠自己掌握了 6 个小时的流程时间，已经证明了究竟一个人能做多少道工序。于是，我们就在一个视详细分工为理所当然的公司里，以微机生产线为起点，开始打造一个一人多工序的生产线。

这种生产方式是产品的特点所要求的，一个多工序的单元式生产要素开始在 1985 年浮出水面。

◉佳能电子的“单人货摊方式”的原型

IMS 组装生产线发生重大变化是在 1994 年。那时所做的努力和现在的单元式生产方式有着密切的联系。

当时微机产品正在逐渐减产，而另一方面来自于 LBP（激光打印机）的定购生产却在增加。美里事业部为了增加 LBP 产品的生产线，将微型机组装生产线转移到了别的大楼内。在新场地中，它的生产空间被大大地压缩了。微型机产品线必须寻求一种省空间、高效率的生产方式。

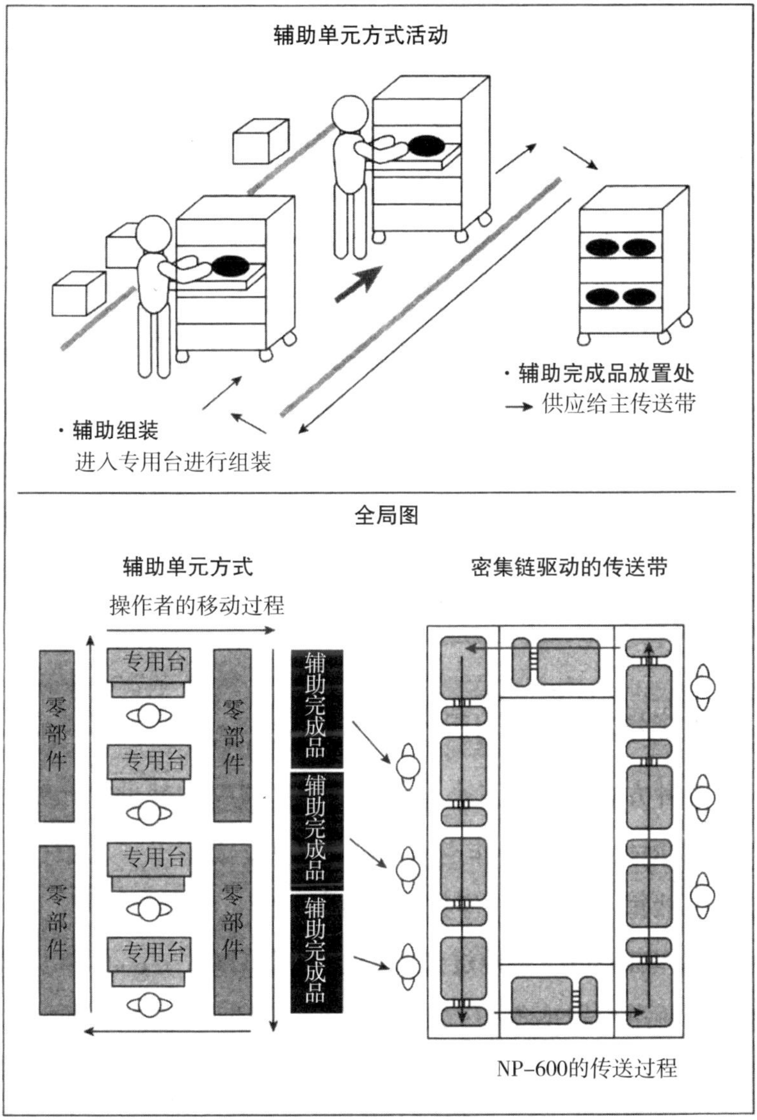

图 3-4　1994 年时的辅助单元方式

这时我们想出的办法是辅助单元方式，即在传送带两侧安置作业台（参见图3-4）。采用这种方式后，生产线的总长度就会变短。辅助单元方式进行操作的好处是，每人的工序数增加，既省空间又省人数。当然相应的，必须要推进一人多能化。

当时的辅助单元是在一个带脚轮的不锈钢架子上，安装由一人操作的工作台。放置零件的架子和抽屉围绕着工作台。操作者将传送带上移动着的产品搬到工作台上，然后一边推动工作台，一边将固定数量的零件装在半成品上，最后再经辅助成品放置处把装好的产品放回传送带，进入下一流程。

1994年时，“单人货摊生产方式”的名称还不为人所熟知，不过这种辅助单元方式的形态和“单人货摊生产方式”几乎一样。只不过它的作业速度（任务时间）由传送带的流动速度所决定。这一点和“单人货摊生产方式”略有不同。只要有传送带在转动，就无法体现“单人货摊生产方式”的特征，即由操作者一人决定作业速度。

◉现场忽发奇想引起的生产线变革

这种方式尝试了三个月后，下一阶段又由辅助单元变为U字形生产线。操作空间比以往要大，放置的零件数也更多。当然每人负责的工序数也增加了。

操作者将传送带传过来的产品放到工作台上，沿着U字形路线用手传送产品并进行组装。这一形态近似于现在的巡回型。

当时，为了改变生产方式，从研发到得到认可花了半年多的时间。由于公司还处于传送带的时代，设备变更的成本负担很大，所以一定要慎重地研究。

到了单元式生产方式的今天，设备成本非常小，如果要改进生产方式的话，公司一个月就能得出定论。

由于压缩空间的需要，诞生于 1994 年的辅助单元最终演变为后来的单元式生产方式生产线。IMS 组装生产线也因此先于其他生产线展开了单元式生产。当时，我在佳能本部担任生产部总长，但对于佳能电子美里事业部的新生产线一事也有所耳闻。在集团内，它也是较早开始单元式生产方式的先锋。

制造生产线的相关人员经常思索该如何改进生产线，实际上，有许多时候只不过是环境变化了，就能引发生产线形态彻底地变化。特别是：IMS 组装生产线，每次环境的变化都能改变生产线形态。它并不是从外部接受了指令才改变的，它的意义在于，员工自己根据现场的感受，创造出了新的生产方式。他们没有模仿现有的形式，而是由自己来设计。员工们都明白“这种形态为什么好”的理由。他们没有照抄别人的成果，他们在犯了许多尝试性错误之后，终于摸索到了正确形态。对于其中的原理、规则已经是成竹在胸了。

◉搬往山田工厂的准备工作

LBP 产品在不断增产，1996 年 10 月，美里事业部全部改为 LBP 制造生产线。一直减产的微型机组装生产线被全面接管，搬到了离美里事业部 33 公里的山田工厂。

在山田工厂，只能提供原来一半的生产面积。这次搬家之后，微型机组装生产线被迫再次“瘦身”。

在美里事业部，开动了两条传送带生产线，以辅助单元方式实施着单元式生产方式。在山田工厂，他们连这点空间都没有。

微型机组装部在这个时刻决定彻底抛弃传送带。从这一刻起，他们开始向单元式生产方式迈出了真正意义上的第一步。

决定搬家后，微型机组装部开始研究摆脱传送带的新生产方式。要想舍弃传送带，在有限的空间高效地生产，应该怎样组织生产线呢？在传送带当道的时代，这无疑是个很大的课题。对于长年以传送带方式生产的成员们来说，将产品撤下传送带让他们非常不安，需要极大的勇气。

转入单元式生产方式首先必须要跨越的就是上述心理障碍。一定要将习惯于传送带的大脑归零。特别是对于一进公司就只经历过传送带时代的那一代，洗脑的工作并不那么顺利。正因为如此，一定不能由外部进行强制，要让他们自己下决心舍弃传送带。如果明白其中道理之后，心理上的“障碍”就容易跨越了。

微型机组装部就是由这些员工主动提出要废除传送带的。虽然有搬家这一环境变化的要求，不过做决定的还是现场的成员们。

◉向摆脱传送带挑战

摆脱传送带生产线时，最担心的就是操作速度下降。由传送带决定的生产时间控制消失后，很可能对操作速度有影响，从而导致生产效率全面下降。

最初进行实验的是现在称作“单人货摊”（图 3-5）的生产方式，当时它在公司里还没有名字呢。我们只是凭着辅助生产单元方式的经验，想到了“不如试试这个吧”。

所谓单人完成型，就是为了配合山田工厂狭小的空间，将工作台（单元）排列起来的形式。设备和辅助单元方式相同，在不锈钢架上装好零部件，在下面放置工作台。操作者在这里一个人将零件组装起来。

参加这次实验的包括一名女员工在内，共四名熟练操作者。每个工序的时间为 30—40 分钟。由辅助生产线供应相同的零件，最后的主流程也由 4 人分别组装。4 个人同时开始相同的组装流程。

实验从不同的角度采集数据。除空间、生产效率之外，调查对象还包括操作者的意识、疲劳度和熟练度。那时候，4 个人因为没有了传送带的约束而兴高采烈。他们终于可以按照自己的节奏进行组装了。不过，一天的生产台数是固定的，达不到这个数字的操作员就得加班了。

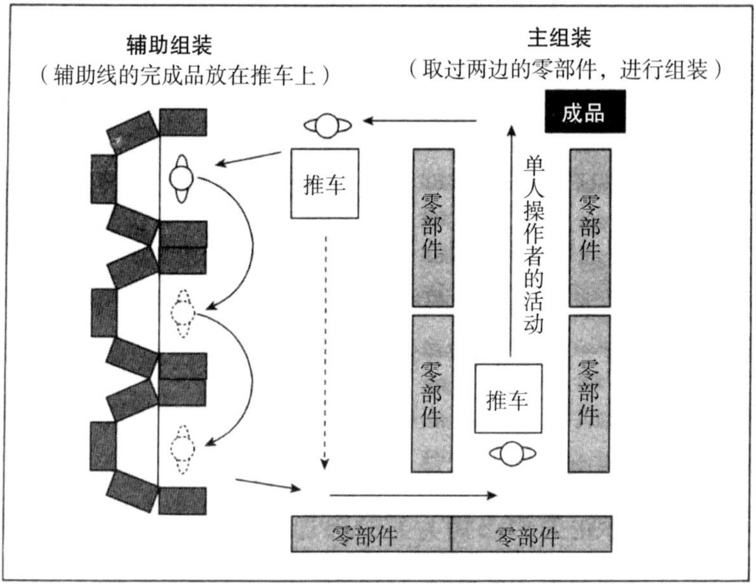

图 3-5　山田工厂的“单人完成型”

刚一开始，可能是不习惯吧，整体生产效率比起高度分工的传送带方式要低。其中也有一开始就很快的人，不过要是整体成绩不好的话，就无法搬到山田工厂去。如果单人完成型行不通的话，还得想想别的办法。实验参加者也好，别的成员也好，都强烈地意识到了这一点。

不过，随着实验的推进，大家发现在单人完成型的组装中，活跃着一种传送带生产线没有的氛围，即竞争意识。

在一条分工发达的传送带生产线上，几乎不会存在四个人做同样组装工作的情况。做同样工作所引起的竞争是一种从来没有过的新鲜感觉。

竞争意识的高涨是因为实验参加者们一开始就充满了干劲。毕竟这四个人本来就是干活麻利、能很快记住操作要领的熟练员工。

开始实验前，实验参加者问了这样的问题："如果我们组装得太快，上道工序和下道工序追不上我们怎么办？"

这表明他们对自己的组装速度非常的自信。

◉生产效率是传送带的 1.2 倍

采用目标管理的想法也是这个时候产生的。

传送带的任务限制消失之后，组装速度由操作者的意识所决定。如果没有"正确并且快速地组装"的意识，就无法将节奏保持在高水平。实验参加者们就定出当天要完成的目标台数，并将自己的成绩记录下来。

3 个月过去了，我们总结了一下实验结果。结果非常理想，整体生产效率是传送带生产线的 1.2 倍。

虽然是对熟练员工做的实验，不过能在短期内超越传送带生产线，还是令我们惊喜不已。我们可以肯定，搬到山田工厂之后，即使生产线不安装传送带，也没有生产效率大幅下降的危险了。

成员们对于单元式生产方式的期待当然也高涨起来。

实验期间，由于目标意识和竞争意识等精神因素，生产现场变得非常活跃。到了后半期，很明显的，参加者的快节奏给了辅助生产线和周围的人非常积极的影响。 这样的现场活跃度在传送带时代是难得一见的。

这个实验留下了非常珍贵的经验。 不过总公司对此并不重视。 微型机组装部不仅从人数上是 LBP 部门的 1/7，而且还是一个一直被减产的部门。 即使发明了新方法、提高了生产效率，也不会引起全公司的注意。

微型机组装部搬到山田工厂是在 1996 年 9 月。 搬过去之后的情况是，那张计划在一半空间下组装生产线的布局图，也只实现了 70%。

◉速度、品质、工序数的竞争

搬到山田工厂后两天，生产线就安装好了。

空间只有以前的一半左右。 完成的生产线被零部件包围着，就像是建在零件仓库的通道上似的。

从搬到山田工厂起，工作台就被装成 U 字形巡回“单元”。 在工厂现场，单人货摊型和巡回型并存。

这时的主题是：如何刺激现场的竞争意识。 通过美里的实验，我们明白了，如果所负责的组装作业相同，自然会提高竞争意识。 在山田工厂，也开始由多个人负责同一组装操作了。

竞争的不只是速度，还要比品质和负责流程数的多少。 最初是 30 分钟的组装工作，如果组装没问题就逐步地增加流程数。 如果一下子增加很多的话，速度和品质各方面都会出问题。现在我们也是根据操作者的节奏，一点点地增加工序数。

增加流程的时机就交给现场管理者进行判断。不过也有的操作者对于增加流程有抗拒感。许多人觉得流程如果超过一个小时就很难了。对于这一点，可以用设乐他们记住 6 小时的流程例子来进行开导。

◉“孤岛”让生产效率下滑

在单元式生产方式中，自觉挑战、自我成长是不可缺少的。实践时，如果有“我能做得更好”的意识是最好的。单元式生产方式的基础不是听从别人的提示，而是用自己的头脑进行思考。

此外，在山田工厂，即使是单人完成型操作，我们也努力使它不要像孤岛一样和其他操作者隔离。数据显示，“孤岛”会使生产下滑。操作虽然各自为政，但附近一定要有别的操作者在场。

当然也会有靠自己一个也能将生产效率节节提高的员工。这样的人适合单人完成型的工作。不过这样的操作者只是极少数。大多数的人如果附近没有其他人，竞争意识就不会被激发，生产效率也会下降。

也许有人会认为这样处于别人的视线之下是起到了监视作用。依我之见，这是人们所具有的能量互相影响的结果。从以往的实验结果来看，如果在可以互相传递体温的距离之内，就会提高紧张感，提高生产效率。

◉“没有空间”反而成为优势

搬到山田工厂之后，新机型登场，微型机产品的减产趋势被止住了。在此后的5年间，生产量一直没有什么变化。

在受限的空间里，我们一直在努力提高生产效率。其中最显著的变化就是品质提高了。

在美里事业部的生产线上，每个月都会出现不良品。可是在山田工厂里，单元式生产方式上了轨道之后，很少有不良品出现，一年只有几件而已。

这和产品检查方法的改变很有关系。美里事业部中，出厂前的检查是非生产部门的工作。搬到山田工厂后，变为在工厂打包之前进行检查。由此制造生产线的质量意识提高了许多。这也是因为山田工厂中没有空间不得已而为之，却反而产生了好的结果。

◉制造在山田工厂，仓库在美里事业部

山田工厂没有零部件和产品仓库的空间。搬家后只转移了制造生产线，而零部件和产品仓库还留在美里事业部。

零部件从厂家出来先卸在美里事业部，从美里用4吨的卡车一天三次运往山田工厂。所以零部件的管理是由美里事业部的QA（品质保证）部负责。

相应的，完成后的产品再由山田工厂运回美里，并从美

里发货。出厂前的检查由美里事业部的管理科负责。

当单元式生产方式上了轨道之后，我们产生了“让组装好的产品在出山田工厂时就尽善尽美”的想法。在山田工厂就完成检查，而不是美里事业部进行出厂检查。

负责出厂前检查的部门和制造生产线在空间上分开之后，生产线方面的质量意识就高涨不起来。如果在车间就进行检查的话，对质量的意识自然会提高，也容易想出提高品质的点子。现在，即使有富余的空间，作为IMS组装生产线传承下来的文化，出厂检查依然由组装部负责。

◉工厂上游从下游取得工作

单元式生产方式的特征是，不仅能让操作者负责地组装产品，还可以将制造之前和之后的工作纳入到组装部门中。制造生产线的效率提高后，时间充裕，连非生产部门的工作都可以代劳。许多业务虽然属于非生产部门，不过放在制造生产线后，效果会更好。这种方法对于减少非生产部门工作量非常有效。

山田工厂缺少空间反而对多品种生产起到了促进作用。而生产线的切换也成了重要的课题。

狭窄的山田工厂无法设置多个生产线。一条生产线上要生产多种产品，生产线的切换势必非常频繁。

后文将提到，IMS组装生产线从2003年起，诞生了可以生产四种机型的“多合一生产线”。山田工厂当时的研究成果，例如多个大型产品生产线的切换等直到现在还在发挥着作用。

在没有空间的山田工厂中，所有的关键词都是“切换”。不光是制造生产线，放置从美里运来的零部件的仓库也要“切换”。每换一种产品，零部件也要全部“切换”。这些方法至今还运用于“多合一”生产线。

IMS 组装生产在山田工厂时代，不但学到了“即使是有限的空间也能进行高附加值的生产”，而且还学会了单元式生产方式的发展需要什么。

◉单元式生产方式的成功引发了外包生产的讨论

在山田工厂中，单人货摊式和巡回式的单元式生产方式顺利地提升了生产效率，公司内部对于微型机组装生产线的看法一下改变了。

不过，不是因为生产率提高而高度地评价他们，而是有人建议，将这条生产线移交给公司外部的合作公司。

很有讽刺意味的是，提出外包化正是因为单元式生产方式这一新生产方式取得了成功。

在过去的制造生产线中，传送带等数千万日元的重型设备是必不可少的。因此，组装企业的合作公司不可能接管。

可是由于单元式生产的成功，大家知道，传送带可以被废除，重型设备也不是必不可少的。这样一来，自然会有人想到：这样一来就比较容易外包给合作厂。单元式生产方式空间小，非常轻巧，可以方便地移到任何地方。

这件事使微型机组装部的成员们有了危机感。如果移交给合作公司，自己的工作就没了。于是促使他们有了积极的对策：要想留住工作，就只有提高自己的生产效率，高到让合作公司无法达到相同水平。由此，他们形成了内部竞争，从而提高了全工厂的工作效率。

◉集团内部发表山田工厂的成功经验

外包生产后，自己的工作就没有了。这让成员们有了创造让合作公司追不上的生产效率和附加价值的积极想法。工厂里洋溢着“再加一把力，思路必须转”的风气。

此时，挑战意识高涨，生产率在一年间也提高了 1.2 倍。在现在看来提高得并不多，不过在当时这样就已经得到了公司内部的高度评价。

1997 年，我负责的佳能 IE 部（生产革新本部的前身）正在创建单元式生产方式的研究团队。这时，宫崎大信公司、弘前精机公司以及佳能电子 IMS 组装部的事迹被报道出来。前两家公司是在研究了丰田生产方式的基础上推进单元式生产方式的。只有 IMS 是为了适应山田工厂的环境而独立开发单元式生产方式的。从这个意义上来说，它的建立没有学习其他公司的事例，而是在不断地犯实验性错误的过程中一点点进化过来。许多时候，寻求最适合产品和环境的最佳生产方式的结果，就是诞生新的生产方式。最重要的是，一开始就要坚信：不要模仿成功事例，一定会有最适合这个产品和环境的方式。

◉节省非生产部门的无用功

山田工厂的生产约三年就停止了。1999 年 11 月美里事业部建起了现在的 IMS 大楼。IMS 组装生产线搬到了这里。

山田工厂中，生产线和零部件挤在一起。而 IMS 大楼的空间宽阔，零部件库和组装区泾渭分明。因此，不需要像山田工厂那样，在一条生产线上生产多个产品。基本上又变回到一条生产线一种产品的生产体制。由于机型少，这样也是可行的。

那一年，我就任佳能电子社长。看了 IMS 工厂后，我有两个感觉。第一，制造生产线速度太慢；第二就是非生产部门的人太多了。

当时，生产和非生产部门人数的比率是 4 :6。非生产部门的膨胀在今天看来是无法想象的。无论制造生产线怎样瘦身，如果非生产部门一直“发胖”的话，也是毫无意义的。

IMS 转向单元式生产方式，不光是为了应对利润徘徊不前的困境，还要想办法节省空间。为了增加利润，当然也要在非生产部门下工夫。我任命了山中重正任厂长，让他将非生产部门的人数减去一半。

◉在快速生产线边学习

剩下的问题，就是提高关键操作的速度。

不过操作速度不是命令他们“再快一点”就能快的。在努力改变操作和生产线之前，先要改变人的意识，让他们有“我要再快一点”的自发想法。

于是，我在 2000 年将 IMS 组装部的一部分移到办公机器综合工厂去。一条制造产品的 8 人生产线被我原封不动地搬了过去。

办公机器综合工厂里有扫描仪的组装生产线，当时是公司里最快的一条生产线。搬到最快的生产线去不久，他们马上发现了自己的迟缓，开始思考如何能快一点。我的目的终于达到了，高速生产线所特有的紧张感感染了他们。

这次搬家也产生了新的工作。搬到办公机器综合大楼后，就必须将零件从 IMS 楼的零件仓库运到生产线去。如果将集装箱整个运过去有点浪费，于是就在 IMS 大楼的零件库“计算”好够用一天的零件一次运过去，这对节省空间和生产线之间的迅速切换非常有利。

那时，我经常告诉山中厂长和设乐副厂长：“生产过程要像行云流水，没有沉淀。”这恰恰是产品在运用单元式生产方式时给人的印象。除此以外，我没有说更多的话。具体的方法都是现场人员用自己的头脑想出来的。

◉无沉淀的产品生产

IMS 组装生产线原来是以 U 字巡回型为中心的，2002 年改为直线型。以往的 U 字形生产线中，一个人组装好的产品被放在推车上运向下一个生产线。由于使用推车搬运就是一种“沉淀”，所以我们就想能不能将组装好的产品手动传输呢？最后，我们还是觉得直线型生产线比U字形要好。

在实验直线型生产线的过程中，可以看到许多提高生产效率的要素。和U字形生产线相比，生产线上的半成品少了，所占空间更小了。操作者之间的距离也短了。诸如此类的优点很多，速度也快了。

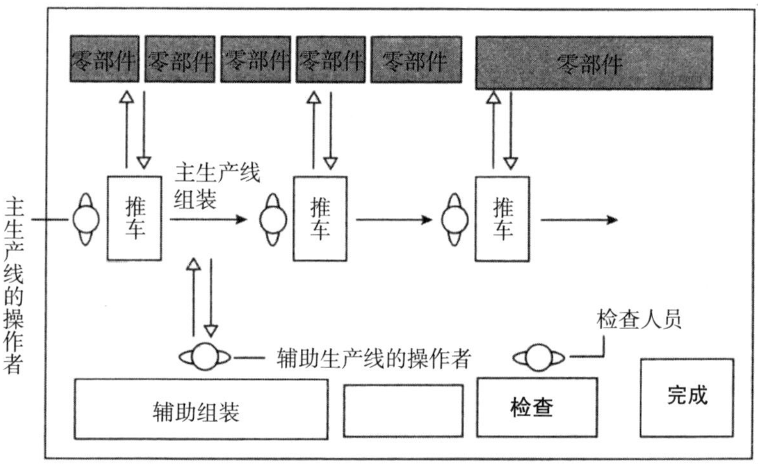

图3-6　直线型生产线

U字形生产线中，A产品和B产品的生产线有一点小的差异，而变为简单的直线型之后，即使是不同的产品，生产线的构成也都是一致的。只要更换生产线周围的零件，就可以任意生产不同的产品了。搬入IMS大楼后，基本上是一个产品一条生产线。不过在变为直线型之后，和以前相比，在一个生产线上生产多个产品就更为顺畅了。

主流程、辅助流程都为直线型的单元式生产线，在公司内部刚开始只是一种尝试，不过已经证明了它可以提高生产效率。要想“无沉淀”地生产产品，直线型生产线是很好的选择。如后面记述的“手风琴方式”和“候鸟方式”一样，在单元式生产方式中，它可以将高适应性的生产线变为现实。

IMS 组装部生产线的成功要诀

◉意识改革

让我们一边追溯 IMS 组装生产线的历史，一边介绍它独特的单元式生产方式发展过程。如前文所述，在我就任社长时，IMS 组装生产线在公司内是速度非常慢的生产线。

IMS 事业从称作“微型机器事业”的时代开始，业绩就比较好，利润也一直不错。这反而成为它生产革新滞后的理由。赢利的部门往往没有自找苦吃、进行改善的意识。由于危机感过于淡薄，从生产现场到非生产部门都没有绞尽脑汁思考的动力。

我屡次批评他们速度太慢，不过刚开始包括山中厂长在内，谁都没在意。将他们送到速度最快的办公机器综合工厂去学习，也正是为了改变环境，给他们觉醒的契机。

“如果你们还什么都不做的话，我就要在入口处插上‘蜗牛工厂’的牌子了。”2000 年，我对山中厂长这样说之后，IMS 组装生产线的生产效率明显提高了。

如果厂长等部门干部抗拒意识改革，那么组织永远也改变不了。如果是生产现场的员工安于现状的话，很快就能改变他们。关键是负责人的意识。所以，社长一定要想尽办法，让负责人早一点觉醒。

IMS 工厂发生意识改革之后，才开始了真正的生产效率提升。山中厂长回顾了只要做出产品就有利润的过去，发现了“娇气”和“松懈”两大缺点。他说，由于缺乏紧张感，产生了许多无用功，造成了操作迟缓。

2000 年前后，产品构成发生重大改变。用于微型胶卷的产品被减产，使用计算机的文件扫描仪产量增加。可是在扫描仪市场上，由于其他行业、海外厂家的进入，竞争的激烈程度可想而知。所以必须依靠降低成本来确保利润。

自从被我叫做“蜗牛工厂”后，他们开始了意识改革。为了实现“无沉淀生产”，他们又切换成直线型单元式生产方式。自此之后，生产效率有了飞跃性的进步。以厂长为首，现场斗志昂扬。他们将“操作速度第一”作为目标，最后也非常漂亮地实现了。

图 3-7 现在的 IMS 组装生产线——多合一生产线

◉提高重复频率

IMS 组装生产线在变为直线型生产线后，提高了生产效率。直线型生产线的优点非常多，其中之一就是它改变了工序数切割（工序数的分配）的思路。

比如说，某个产品需要一个操作者花 100 分钟来组装。如果将组装工作让 10 个人来分担，每个人就要分到 10 分钟的操作时间。

和单人完成型生产线相比，这样分配完后，就会在短时间内频繁地重复操作。重复的频率增加了10倍，熟练度也是成10倍地提高。特别是在上新机型或改变体制的时候，重复的频度高，进入轨道的时间也会变短。

IMS组装部的数据表明，将某项组装作业分给5个人之后，5天后所有人都能熟练掌握了。同样的生产线分给10个人之后，达到同等水平只需4天（参照图3-8）。分给每个人的工序数越短，达到熟练程度的时间就越短。现在，即使是生产新产品，他们也都能在4天内达到100%掌握的水平。

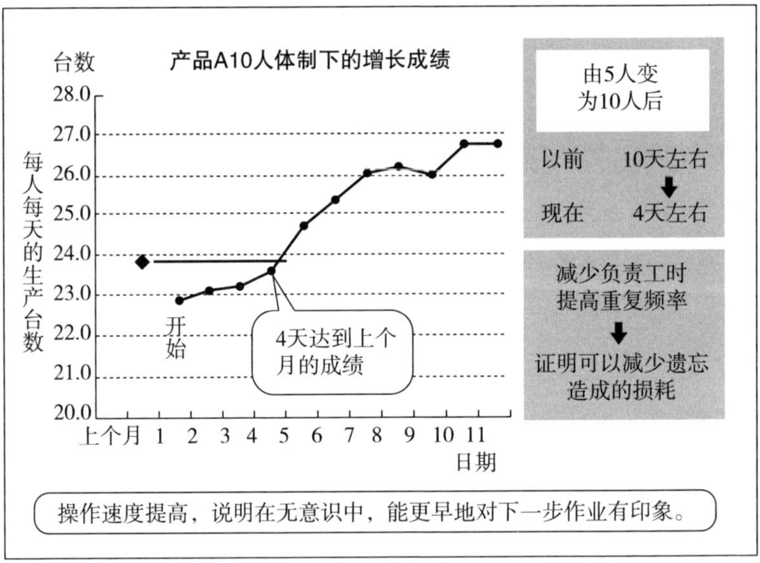

图3-8 提高重复频率的效果

◉手风琴分配法

IMS 组装生产线中，工程的分配在开始时是严格地按 1 个人对应 1 段的工序进行。 当熟练程度提高后，就会将交给他的工序范围扩大。 所谓“工序范围扩大”，就是要在分配给自己的工序之外，再学习新的工序。

工序范围扩大后，操作的领域就自然跟着扩大。 慢慢地就会变成掌握多个工种的多面手，可以掌握相当于 2 个人、3 个人的工序。

刚开始，会一点一点地记住左边和右边的人所负责的操作，也就是上一工序和下一工序。 如果每个操作者慢慢地扩大自己的操作领域，整体就会成为一个高适应性的生产线，应对变化的能力也会提高。 而且对于操作延迟的弥补能力也提高了。

一般来说，操作有延迟的话，一个操作者慢 1 秒，下一个操作者就会慢 2~3 秒，再下一个操作者就会慢 5~6 秒。这样下去，对于下一道工序的影响会越来越大。 开始只是一个小的波浪，越往后波浪的幅度就会越大。 如果不把操作迅速的人安排在生产线中段的话，延迟就无法被追回来。

如果生产线上的所有人都掌握了自己的前后工序。 就可以将延迟的危害降到最低。

IMS 组装生产线中，如果有的人操作慢了，前一工序和后一工序的人就会将这个延迟弥补过来。如果发现自己的下一道工序慢了，上流的人就会在自己的操作之外再多做一点，然后将它交到下一道工序。相应的，如果上一工序的人手中积压了半成品，下一道工序的人就会把产品取过来，完成操作。小小的互帮互助就可以灵活地将发生的延迟补齐，不至于出现一片散沙的局面。

在 IMS 组装生产线中，在补齐延迟时，大家会在将产品传到下一道工序的瞬间，口头说一下已经完成的操作，如“把手已经做好了”或“接下来从齿轮开始做吧”。虽然基本的工序分割已经固定了，不过操作者还是可以通过观察那一瞬间的生产线状态，来判断自己操作到哪一步比较好。

自己可以随时修正整体的误差，是直线型生产线的最大优点。U 字形生产线由于有转角，很难自由地扩大作业范围。而直线型生产线中，操作者可以在比较大的范围内自由移动。

由于每个人的操作范围可以自由地伸缩，我们又把它称为“手风琴分配法”。

不过，这种方法由于工序分配不固定，很容易发生漏掉操作的事故。因此，在传递产品时，为防止出现漏装，最好提示下道工序的人，以确认操作范围。

◉确定主力操作者

在手风琴分配法中，为了调节生产线的整体流动，有必要确定主力操作者。主力操作者就是产品在线上流动时，起中心作用的那个操作者。

比如，在建立新生产线时，如果有 10 个人，在开始时就确定 3 名主力操作者。主力操作者当然是精通该产品的人，他要具有基本上一个人就能将全部工序组装下来的水平。10 个人的话，就要有 3 名主力操作者，而且要尽可能地等间隔安排。当生产线发生延迟后，就以这 3 个人为标准，将延迟补齐。延迟波就要在这 3 个人的地方被挡住。主力操作者的想法是在山田工厂时代形成的。

如果记录一下一天的操作，员工们就会发现这是一条很明显地有缓有急的波浪。IMS 组装生产线中，目标是将震荡控制在 5%之内，不是平均在 5%左右，而是以速度的峰值为标准，将延迟控制在 5%之内。

将延迟控制在 5%以内的前提就是确立多名主力操作者，让手风琴分配法活用起来。

◉候鸟方式

前文讲过，比起记忆长时间的操作，重复短时间的操作会更容易达到熟练。后者在建立新生产线或培养新人时更有效果。

作为提高重复频率的方法之一，IMS 组装生产线开始尝试“候鸟方式”。就是在一个产品一条生产线的前提下，操作者像候鸟一样在各个生产线之间移动并组装产品。

如图 3-9 所示，有产品 A、产品 B、产品 C 3 条生产线，假设各分配了 6 名、3 名、3 名操作者。

接下来，工厂里这 3 条生产线以单一生产线的形式在不停地运行。操作者一直在做同一件产品。每个人负责的工序越多，达到熟练的时间就越长。同时，由于持续在做同一件产品，紧张感松弛。

改为候鸟方式后，所有的 12 人作为一个团队劳动。12 个人一起做某个产品，从产品 A 开始，按序移动至产品 B、产品 C 的生产线。产品 B 和 C 中，原来由 3 名员工负责的工序现在分成了 12 份，工序数大大减少。于是熟练度相应提高，整体效率上升。

这种候鸟方式多见于多合一生产线的准备阶段。在多合一生产线中，在一条生产线上要生产多个工序的很多产品。因此，必须熟悉多个产品的组装操作。

候鸟方式只存在于单产品生产线中，只能用于工厂空间和工作量都很宽裕的情况。归根到底，它的定位只是多合一生产线的一个环节。

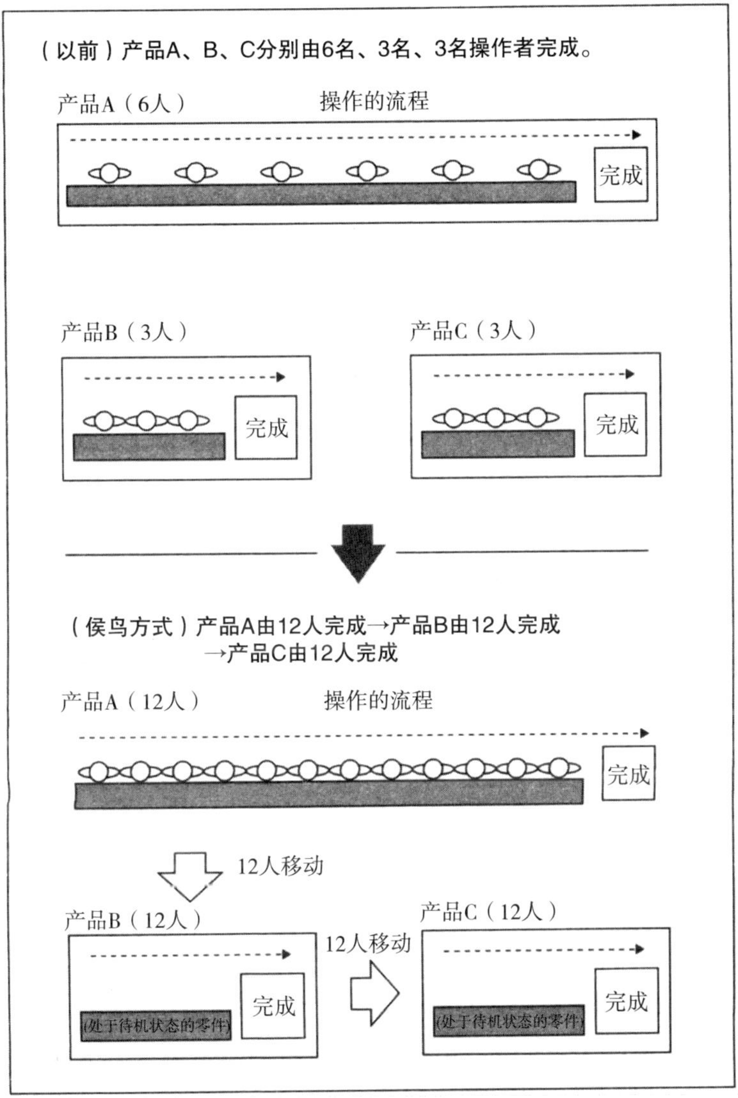
（以前）产品A、B、C分别由6名、3名、3名操作者完成。
产品A（6人）
操作的流程
完成
产品B（3人）
完成
产品C（3人）
完成
（候鸟方式）产品A由12人完成→产品B由12人完成
→产品C由12人完成
产品A（12人）
操作的流程
完成
12人移动
产品B（12人）
(处于待机状态的零件)
完成
12人移动
产品C（12人）
(处于待机状态的零件)
完成

图 3-9　候鸟方式

◉提升操作速度的自主活动

在 IMS 组装生产线上，基于我提出的“TSS1/4”方针，从 2002 年起的三年间，我们将目标定为“将操作速度提升 4 倍”。

为了达成这个目标，在 2002 年的直线型生产线中，我们将“无沉淀生产”列为重点主题，在 2003 年的候鸟方式中将“提升速度”列为重点主题。

操作速度提升的活动开始于 2003 年 1 月，大约持续 9 个月，分 3 个阶段实施。

最初的工作是设置速度检测器。速度检测器是用于提升操作速度的训练机器。在休息时间或下班之后，各人用玩游戏的心态来进行挑战，并保留记录。

这台机器使用电脑，工作台印有标记，使用者按照固定顺序用手接触。根据 WF 分析（Work Factor：一种动作分析法）的标准，设定所需时间。

由于只是纯粹的速度竞赛，所以能在短时间内让手动得更快。我们只是把它当成一个游戏，所以将目标设定为短时间内将操作速度提升 1.5 倍。

要连续三次达到 150% 的速度，并将延迟控制在 5% 以内。这个目标难度相当高。

我们计算过，如果在速度检测器上，左手和右手的速度分别达到 1.5 倍，那么用两手同时操作时速度就会达到 3 倍。为了接近“TSS1/4”的“将操作速度提升到 4 倍”这一目标，必须进行双手操作。

某工厂将这个数值作为“世界第一运动”的工作主题。这个团队就叫做“螳螂小组”。名字的由来是，当螳螂捕获猎物时，前臂会飞速地运动。

◉使用录像机的工作标准

在工厂中，在使用速度检测器的同时，还利用录像机对操作进行研究。它开始于我将一盘录像交给山中厂长那一刻起。

这盘录像拍下了佳能大连工厂的操作场景。操作速度非常快。在整个佳能集团也处于一流水平。

“请你好好研究一下，它和我们的动作有什么不同。”

我交给他录像时这样说道。“螳螂小组”马上以录像为教材，开始了研究。之后他们提出目标——超过大连工厂的速度，在 2003 年让自己成为别人的榜样。

他们一边看录像，一边将和自己的不同点记在了图 3-10中。

这时，现场的人提出许多重要的意见。其中之一就是，中国的操作者在完成眼前的作业后，就会意识到下一道工序是什么。录像中操作者的眼睛的活动表明了这一点。在手动起来之前，眼睛就动了；在完成手头的操作之前，视线就落在了下个操作所需的零件上。这就促使动作能毫无停顿，一气呵成。

由此引发的改善实践主题是：在操作结束前，头脑中迅速浮现出下一道工序。我们认为，如果头脑中先浮出印象的话，手的动作就会更快。

图 3-11 列出了为了提升作业速度而需改善的项目。为了学会印象法，他们制订了在操作之外进行捕捉印象的方案。

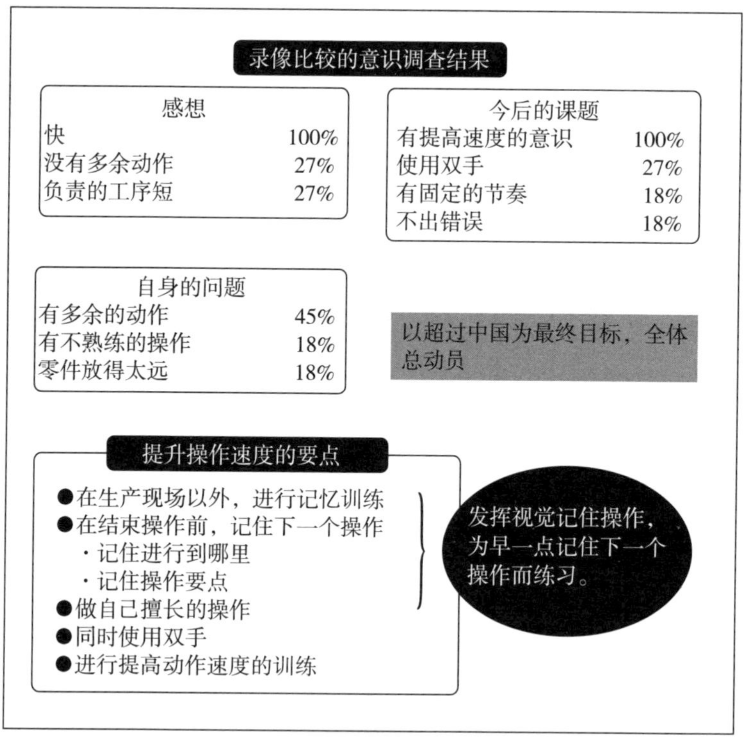

图 3-10　如何提升速度的调查结果

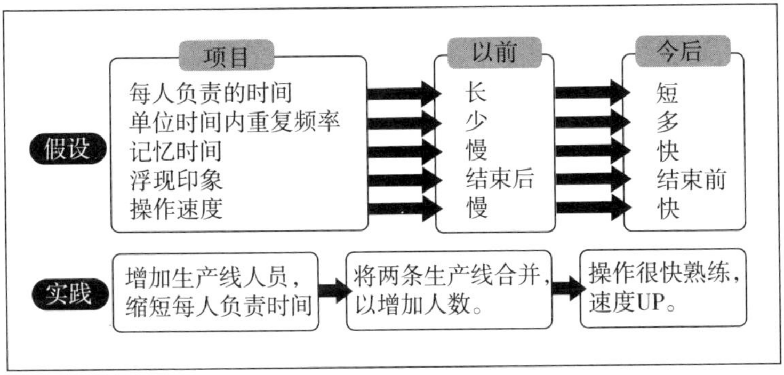

图 3-11 印象法和操作速度

◉使用 3D-CAD，利用视觉记忆操作步骤

在接受了来自现场的方案之后，我们修改了操作标准。过去的操作标准都是用照片和文字写在纸上，对步骤进行解释。为了使之更加视觉化，我们将它们换成了 3D-CAD。

使用 CAD 影像后，理解产品组装的过程就像看一张张漫画。眼前好像有真实的产品一样，通过视觉印象将操作步骤记在头脑中。这样，就可以减少因想不起该怎么操作而造成的“记忆唤醒损耗”。

操作者即使在离开生产线以后，也可以进行印象法练习。之所以能在 4 天内建起新产品，就是因为操作者在生产线之外的场所如家里，不断地进行印象法练习的结果。如果眼前有产品的话，对组装操作产生印象当然很容易，不过在离开现场的地方，也能在头脑中形成正确的印象，才是真正的本领。

另一关注点是，中国操作者使用双手的比率大大高于我们。之前的速度检测器也很重视使用双手，不过在研究过录像后我们更加确认了这一点。

要想高效率地使用左右手，就要每天努力，日积月累。比如，某天的改善实施主题是“将右手使用的东西放在右侧，将左手使用的东西放在左侧”。如果放置的地方每个都不一样，无意识地下工夫的话，即使有损耗产生也不会被人发现。

像这样，一些看上去很普通的改善，经过积累后，就会结出丰硕的果实。

图 3-12 中，是关于双手同时行动的比率的数据。从 2003 年 2 月到 10 月期间，双手同时动作的比率从 34%上升到了 79%。

操作速度提升的活动是以“世界第一运动”的形式展开的。员工在捕捉到问题点并觉醒之后，“世界第一运动”发挥了威力，成为现场自主改善活动的启动平台。

◉技能提升的单元式生产系统

在单元式生产方式生产线中，任务时间管理左右着生产效率。

在 IMS 组装生产线中，我们综合了单元式生产方式所特有的自主性和目标管理的思路，开发了“技能提升单元式生产系统”。

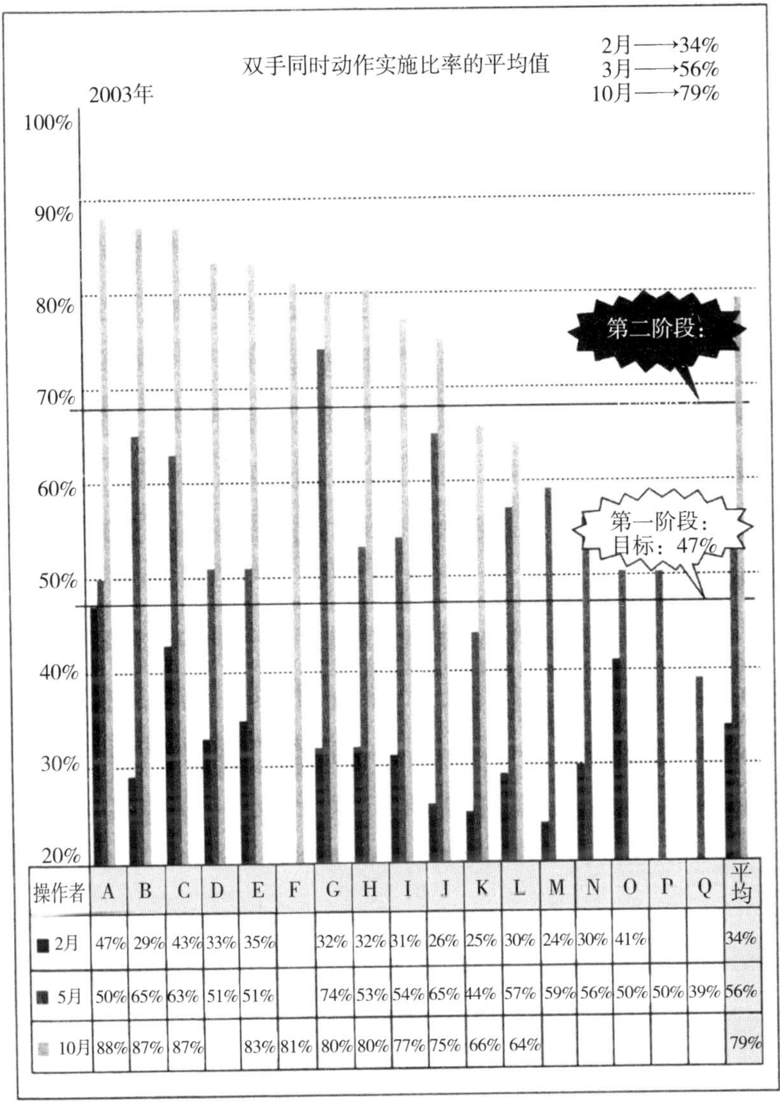

操作者	A	B	C	D	E	F	G	H	I	J	K	L	M	N	O	P	Q	平均
■ 2月	47%	29%	43%	33%	35%		32%	32%	31%	26%	25%	30%	24%	30%	41%			34%
■ 5月	50%	65%	63%	51%	51%		74%	53%	54%	65%	44%	57%	59%	56%	50%	50%	39%	56%
■ 10月	88%	87%	87%		83%	81%	80%	80%	77%	75%	66%	64%						79%

图 3-12　自我研究的实践结果

在生产线中，为每个操作者设置信号灯，依靠信号灯进行任务管理。假设操作者所负责的操作目标时间是1分钟，到离目标时间还剩20秒时，信号灯就会慢慢地闪绿光。剩10秒时，绿色就会闪得越来越快。时间到时，就会闪烁红光，并鸣警报。

如果连续三次在目标时间内完成，一分钟的操作时间就会自动地缩短。相反，如果连续三次超时，操作时间就会自动延长。这盏“可变目标任务时间”的信号灯是由计算机管理的，并记录第二天的动态。为了确保生产台数，我们设定了底限，不过基本上是配合各人的速度进行管理的。即使是同一个操作者，每天或每个时间段的操作速度也有所不同。“信号灯”既是一套让员工了解到自己当前速度的系统，又是一个让操作速度尽可能保持稳定的装置。它使整个生产线的目标管理成为可能，同时也能调整操作速度参差不齐的现象。它还能长期地帮助员工确认自己的技术是否有所提升。

这套系统产生于一个奇思妙想：即让我们把单元式生产方式在自主性和责任感方面的优点和传送带生产线在任务时间管理方面的优点综合在一起吧。它具有重要的意义，甚至可以说，如果没有信号灯，IMS组装生产线就不可能存在。

◉多合一生产线

IMS组装生产线在经历了候鸟方式后，从2004年起，发展了多合一生产线。它的目的是最大限度地活用分配来的资源，应对多品种少量化生产。

2003 年尝试的候鸟方式安装的是单产品单生产线，所以当全体员工同在某条生产线上工作时，别的生产线就会处于静止状态。 IMS 产品在做工序检查时，必须用到计算机。 如果给所有的生产线都各配上几台计算机的话，就会花费许多的设备费用。 所以暂时采取了把计算机在生产线之间移动的方法。 这样一天就会产生 20 分钟的切换损耗。

为了消除空间和设备的浪费，我们设想如果在一条生产线上也能像候鸟方式那样进行多品种生产就好了。 于是我们开始了相关研究。

如图 3-13 所示，当我们有了“将生产线合并为一条”的想法之后，马上发现了许多“无用功”。 只有将制造生产线尽可能地简单化，才能击溃这些隐藏着的无用功。

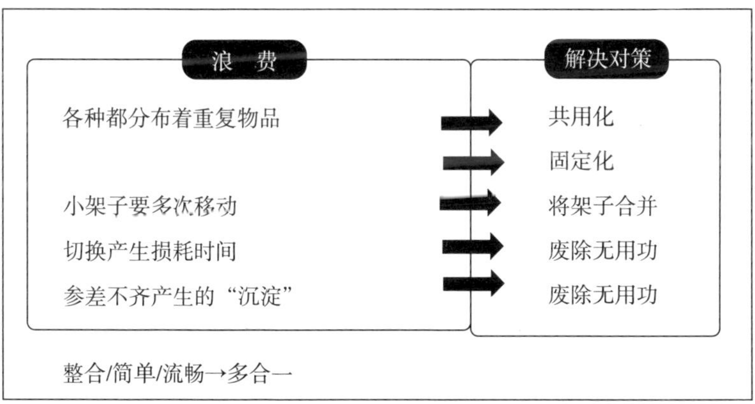

图 3-13 浪费无处不在

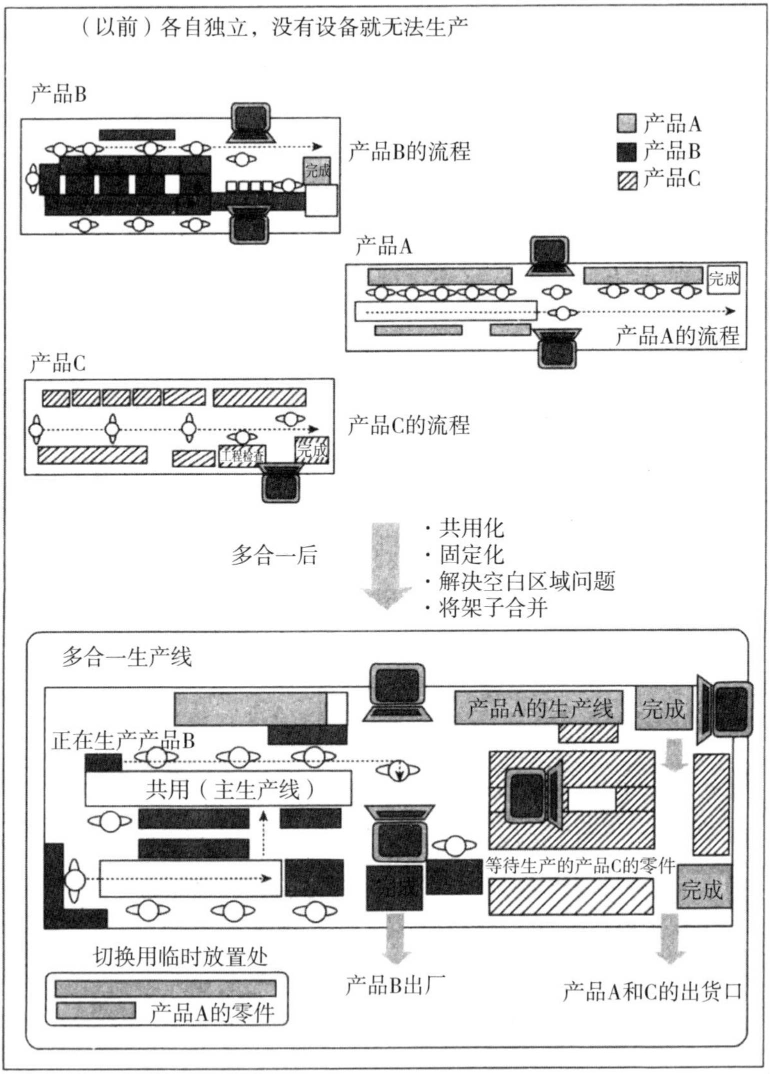
（以前）各自独立，没有设备就无法生产
产品B
产品B的流程
完成
产品A
产品B
产品C
产品A
完成
产品A的流程
产品C
产品C的流程
工程检查
完成
多合一后
·共用化
·固定化
·解决空白区域问题
·将架子合并
多合一生产线
产品A的生产线
完成
正在生产产品B
共用（主生产线）
等待生产的产品C的零件
完成
完成
切换用临时放置处
产品A的零件
产品B出厂
产品A和C的出货口

图 3-14　多合一生产线

那么，怎样才能将三条生产线合为一条呢？ 图 3-14 就是将产品 A、B、C 等三条生产线合为一条的“多合一”布局图。 在位于下方的多合一生产线图中，生产线上正在生产产品 B，写着“共用”的部分为主生产线，其余的都是辅助生产线。

切换为产品 A 时，从“切换用临时放置处”将必需的零件运到生产线上。 生产产品 C 时，操作员移动到画斜线的区域。

◉成果及前景

以上是 IMS 组装生产线的特征和改善的历史。 不过，它之所以能保持公司内最快的手工组装生产线这一地位，其中一个原因是它的操作者全都是正式员工。 现在在 IMS 组装部中工作的 44 人中，大多都是多年以来技术一直在提高的熟练员工。

意识改革之后，IMS 车间一直在进步。 以产品 A 为例，3 年间人均生产台数提高了 4.3 倍（图 3-15）。 改进的最大主题已经在图中有所显示。 如前文所述，这是点滴改善、日积月累的结果。 在压缩空间和减少计算机台数方面，多合一生产线的成效非常大。 今后，不光是生产线的切换，如果零件仓库也能切换的话，则很有可能在一条生产线上生产更多的机型。

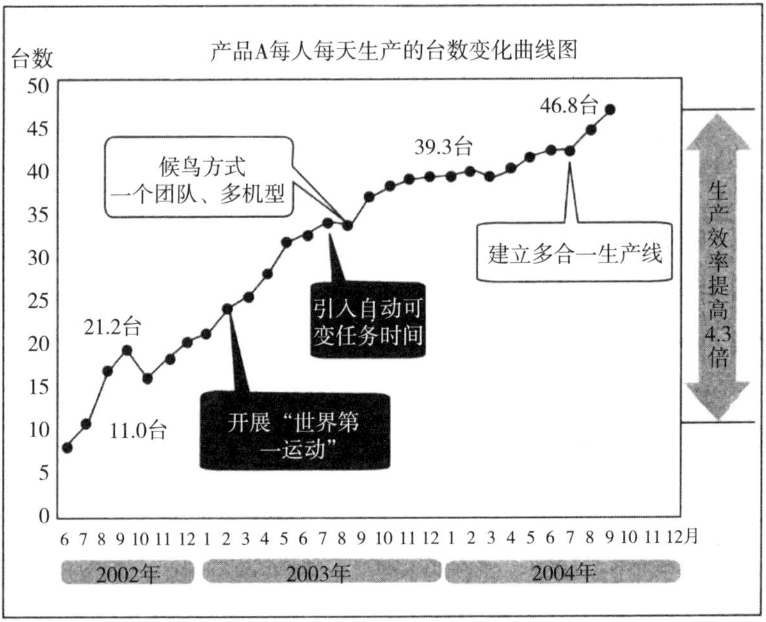

图 3-15　多合一生产线所取得的成果

第 4 章

秩父工厂——通过意识改革将工厂用地面积压缩了 70%

秩父工厂的 EMD 工厂概要

佳能电子秩父工厂

EMD（电磁驱动）光圈装置工厂

所在地：埼玉县秩父市

操作人员数：10 人

场地面积：约 45 平方米

产品：佳能镜头驱动零件

生产台数：月产 64 000 台

5 年间的改善效果：空间降为 1/4，人均产量提高 4 倍

人均产量提高 4 倍

在第三章中，我们以美里事业部 IMS 组装生产线为例，考察了生产方式变迁及单元式生产方式进化的全过程。 在本章中，我们将以 EMD 工厂为中心，介绍正在秩父工厂发挥作用的单元式生产方式。

所谓 EMD，就是装备在佳能镜头上的光圈控制元件。 佳能 EOS 系列诞生于 20 年之前，一直续写着它的光荣历史。即使是在数码相机成为主流的今天，它也是自动伸缩相机镜头的重要零件。

EMD 工厂在 2000 年之前，一直委托外包生产，但其实从 1990 年后半期起，这里就已经导入了单元式生产方式。

现在的 EMD 工厂在秩父工厂的一角，送到用户手中的最终产品将在这里组装。 而且产品对于精度有很高的要求。

2000 年，佳能电子刚刚开始自己生产 EMD。 EMD 生产线占了 250 平方米的广阔空间，有将近 40 个操作员在工作。如此之大的规模，产量为 2. 5 万台。

当时的 EMD 生产线和 IMS 生产线一样，速度非常缓慢。我叫来 EMD 工厂的厂长说："如果你的工厂继续什么都不做的话，我就要在入口处挂上'太极拳工厂'的牌子了。"

这是在讽刺他们的速度太慢了，大家都像是在打太极拳。 这一招果然很有效。 很快，工厂内贴上了"争做速度第一工厂"的标语。 于是,大家全力投入，快速并且认真地分出胜负来。

5 年后的今天，EMD 工厂的生产线是 45 平方米、员工 10 人。 空间是 2000 年的 1/5，人数只有 1/4。 尽管空间和人数都有所减少，产量却增长了近 2. 7 倍，月产达 6. 7 万台。 按人均产量进行比较，生产效率提高了近 4 倍以上。

其实在 2000 年我们就可以预见到这个结果，因为工厂在这方面有十足的潜力，只不过他们自身没有意识到而已。

正如我们多次重复的那样：要想改变组织，先要改变劳动者的意识。 这与其说是单元式生产方式，不如说是企业经营的基本原则。

EMD 生产线在 20 世纪 90 年代后半期就已经开始实行单元式生产方式了。 请记住这一点，因为同是单元式生产方式，现在的生产效率却是那时的 4 倍。 生产方式相同，不过如果劳动者的意识松懈了，生产效率依然无法上升。 说得极端一点儿，生产方式对于工厂的生产效率几乎没有影响。 单元式生产方式不像传送带那样简单划一，它的效果被劳动者的意识所左右。 这就是单元式生产方式的强大之处，也是可怕之处。

长期战——结出硕果的“乌龟的步伐”

在 EMD 工厂的变革中，生产方式的变化方面并没有产生历史性的差别。 在这一点上，区别于以减产和被接管为转机，飞速发展的美里事业部 IMS 组装工厂。 它也没有经历过生产效率在短期内飞跃进步的时期。

EMD 工厂的特色用一句话总结就是：以意识变革为基础，一点一滴地积累自主改善活动。 佳能电子自 1999 年以来，在公司的各个角落都兴起了意识变革。 而其中，EMD 工厂是用实际行动证实了“如果员工的意识一直保持在高水准，改善就会一直持续下去”这一想法。

在佳能电子中，其他部门（如工厂）如果靠某种新措施做出了成绩，只要我们判断它在我们的工厂也行得通，我们马上也会采用它。 我经常敦促厂长和生产线负责人多学多看：“某某生产线最近变化很大啊，你不去看看吗？”视察之后能否将别人的优点吸收要靠各人的问题意识，不过社长的任务就是为他们制造“发现”的契机。

在这样的企业风气中，EMD 工厂学到了许多意识改革的措施。 也有许多措施先在这里获得了成功，然后又推广到其他工厂。

EMD 工厂实施的大多数活动都不能被称做“改革性”或是“划时代”的巨大变化。 它只是一些不进行长期观察就无法察觉的小小变化的连续体。 如敕使河原副厂长的口头禅所言，它是地道的“乌龟的步伐”。

企业竞争不是半年或一年就能分出胜负的短期战。 如果不构筑起 10 年、20 年都能打胜仗的体制，就不是真正取得胜利。 特别是在制造业中，比起一时的飞跃，切实地走好每一天的每一步才是最有效的。依靠并不起眼的活动，通过打长期战胜出的例子不胜枚举。

EMD 工厂的意识改革所结出的果实就是这样。工厂的角角落落发生的小小改善经过积累，成功地提高了全体的生产效率。

就拿单元式工作台来说吧，有一段时期，我每次到工厂去，它都在变小。操作方式、零件摆放方法、工具的使用等等，一系列省空间的措施都在如火如荼地持续进行着。

每天的改善并不光发生在 EMD 工厂。诸如此类的努力的积累，让秩父工厂的原本占四栋大楼的车间精简为两栋，工厂建筑面积在 5 年间减少了 70%。

如何让虽然不起眼却很踏实的“乌龟的步伐”不停地走下去呢?

“世界第一运动”让每个人都有自主性

EMD 工厂的变革和我在 1999 年开展的全公司性活动——“世界第一运动”有着很深的渊源。在职场中展开活动，将“世界第一运动”的成果进一步深化，这是 EMD 工厂的特色。

在第二章，我们曾说过，本公司的“世界第一运动”于 1999 年 11 月开始。它是我刚到佳能电子时，为了让每个员工都体会到达到目标的成就感而设想出来的。

这个运动以全体员工为对象，以科或部等最小的组织为单位进行。至于主题，只要是对公司有正面影响的都可以。比如实际中有这样一些主题。

出发最迅速（指马上就能行动的部门）；

新技术世界第一；

打招呼最亲切，最有干劲；

效率、功能布局第一。

各个小组在各自不同目标中争做“世界第一。在一个主题下，要让自己做得比世界上的任何一个人都好。活动的目的就是要让公司上下因此而充满活力。这个运动并不是强迫性的业务改革，它带着几许游戏的成分，通过每个员工的行为在改变着公司。

例如，有个小组将主题定为“早上最早来公司”。我们公司开始工作的时间是早 8 点。不过大多数员工都会提前 1 个小时，7 点就来公司。如果比开始工作时间提前 20 分钟来公司，就已经算是很迟了。

于是，这个小组每天 6 点半就来公司了。这样虽然算是很早了，不过随着比赛的升温，渐渐地就变成在开始工作前的 2 个小时，即 6 点钟来公司了。这虽然是对“世界第一运动”的一片热忱，可是这样升级下去的话，很可能会在 5 点甚至 4 点就来公司了。如果这样的话，日光灯和空调的电费就会显著增加。为了不增加额外的成本，我决定将 6 点半来公司定为“世界第一”。 当我们觉得“世界第一运动”很有趣时，自然会投入巨大的热情。

我在佳能电子开始“世界第一运动”的理由是，要让他们体验“向着目标自主地努力并达到目标”的全过程。 在这种模拟体验中，掺杂少许游戏的成分在内，会让活动持续得更久。 无论是多么认真的主题，如果员工中途觉得太压抑而有了挫败感，也是没有意义的。 如果是这样的话，还不如选取能在自娱自乐的同时全心投入的主题呢！

体验“三自精神”

让员工在工作时具有主体性的重要性，已经不用我再多说了吧。 有过收获丰硕成果经历的人，哪怕只有一次，就会感觉自己是工作的主人。

反过来说，如果工作屡遭挫折，就会失去主体性，变得被动，或是干脆什么都不做了。 当一个人希望能从工作中逃开的时候，他是绝对不会做出成绩的。

在佳能集团，自创业以来，就有“三自精神”的传统。所谓“三自”就是“自觉、自发、自治”。 意为“员工对于自己的立场和职责有清醒的自觉性，无论进行何种活动，自己的行为要自己管理”。 也就是说，所有的事都要由员工自己思考，行动时要有主体性。

佳能集团的员工从就职之日起，“三自精神”会每时每刻地映入他的眼帘。 在佳能集团所自豪的技术能力和销售能力背后，以“三自精神”为象征的传统和风气就是它的基石。和丰田的生产方式一样，表面的模拟并不能真正起到作用。

“世界第一运动”就是“三自精神”的变体，理念也是基于“三自精神”。 而且，它的目标就是通过具体的活动，让员工体验到“三自”精神。

我就任社长，提倡“世界第一运动”时，有不少老员工冷眼旁观：“新社长的想法可真古怪啊！”的确，这些话听上去好像有点精神至上论，也有点像玩达到目标的儿童游戏。

可实际上，当生产现场的小组决定了一个又一个的挑战主题，并取得进展后，这些冷眼旁观者开始减少了。 百闻不如一见，当现场的变化就摆在眼前时，大家开始接受，并且看到了事情的本质。 而且当自己也体验之后，它的真正价值就更加明显了。

无论什么事情，刚一听说就做出判断的人是不会有进步的。 一拍脑袋就自负地下结论的人，是造不出真正的东西，也鼓舞不了团体的。

相反，那些就算开始觉得这可能是傻乎乎的精神论，却切实地去努力的人，就是一步一个台阶地前进。 接下来，生产现场改变了，成果也出现了，大家就都会觉得有意思。 只有我们改变了，组织才会变化。 当我们亲身体验到这种机制后，后面的发展就顺利得多了。

全员参加是基本原则

我在 1999 年提出的“TSS1/2”的目标，也被许多员工批评为“将时间、场地、不良品率减半根本不可能”。 可实际上却在两年内达到了。 员工的意识发生了很大的变化，他们通过亲身体会理解了这个目标。

这种体验会让人们在下一次挑战更高的目标。 如果人们知道“如果做的话，是可以达到的”，他就会尽可能地去努力，也会为了实现目标花费时间和脑力。 在接下来的 3 年间，大家之所以能怀着成功的信心为“TSS1/4”而努力，就是因为有“TSS1/2”这一阶段作为铺垫。

从 1999 年起至 2000 年，“TSS1/2”和“世界第一运动”在同时进行。

佳能电子中有正式员工、合同员工、临时员工、派遣员工这四类员工在工作。 我让他们全部参加“世界第一运动”。 当然，作为社长的我也提出了主题。 半年一度的成果发布会全体员工也都参加了。

一直保持紧张感和共享危机感，与雇用形式无关。 只要是在佳能电子生产现场工作的，就必须拥有同一种价值观。

如果价值观五花八门，我们就无从了解操作失误和不良品出现在公司的什么地方。 所以要让全体员工都参加。“自己提案，自己实行，自己评价”的过程就是佳能电子每个部门不可或缺的共同价值，所有劳动者都要领悟到这一点。

持续的改善得以前进的基础是，拥有自主性和紧张感的劳动方式。无论头脑多么清晰，如果注意力分散，或是气势松懈下来，就无法形成新鲜想法，改善运动。

我期待能通过坚持“世界第一运动”，在公司内培养出大量能应对变化的人才。我认为这个运动非常适合培养革新型的领导者。

在“世界第一运动”中，我们做了以一个竖起手指表示“第一”的标志，让员工们每人都在胸前佩戴。这个和奥运会的金牌一样大小，这让人联想到“我要在不同的主题下，做世界第一”。这些为了让运动更热烈的招贴画和标志，全都是由世界级设计师齐藤斋先生设计的。

全公司的“世界第一运动”历经两年告一段落，公司的各个角落都出现了变化。这就在意识层面上为改革打好了基础。

“世界第一运动”的效果是无法量化的。不过，开展活动之前和之后的今天，员工们劳动的姿态明显不同了。我们只能用通过真实感觉来证明它的效果。这不只是作为社长的我的感觉，每一位员工都真切地感受到了。

不说“你好”的组织中，没有交流

在佳能电子的单元式生产系统中，沟通改善也起了重要的作用。在制造生产线中，员工如果不共同拥有一种价值观，不做到每天互相沟通意见，就无法保证高质量的制作。请试想一下，如果在成员们价值观各不相同，彼此都不明白对方在想什么的情况下进行产品生产，会发生什么。做产品是以团队形式推进的，如果建立不起充足的交流机制，很容易犯下重大的失误。

我作为社长来到公司时，一开始就感觉到公司内的交流不够。这对于制造业来说是致命伤。这说明它不是一个能凝集集体的力量做出完美产品的组织。

在我刚来的时候，有许多员工连怎么问好都不会。我说完“你好”之后，连回应都没有。如果这样的员工占大多数的话，制造生产线将会是什么状况呢？一想起来，就让人担心。

在组织中，“交流”是不可缺少的。在价值观多样化的社会中，并不是把人聚在一起就能产生集体的合力的。如果大家看的是不同的方向，就只是一群乌合之众。在连招呼都不会打的组织中，是无法认真进行“交流”的。

特别是现在的办公室中，由于依靠计算机做的工作越来越多，不再像过去那样，彼此都能看到对方办公。我们应该有意识地增加交流的频率，可惜，具备这种意识的人非常少。

随着 IT 的进步，捕捉信息的速度越来越快了。可是具有讽刺意味的是，集团之间的意见交流反而更难了。抛开那种可以凭自己的力量独立推进的工作不谈，在需要发挥集体力量的制造业中，如果不互相交流意见的话，组织的将来就岌岌可危了。

一个人的“一根筋”行为播下了变革的种子

在制造现场，员工的交流不会马上体现在不良品率变化中。 相反，如果形成了足够的交流，不良品率会马上下降。 在佳能电子中，有许多例子能证明这一点。

痛感到公司内交流的不足，我开始试着让每个人都意识到这个问题。 我逢人就问:“你为什么不在公司里和别人打招呼?”虽然从别的地方刚来的人可以感觉得到，可是长期处于这个集体中的人是不会发觉自己的行为有多奇怪。 当被问到“为什么”的时候，大多数人都回答不上来。

不过，在我坚持不懈的追问下，也有人开始接受，并做出反应，如美里事业部的管理部长。 组织的好处在于，只要认真地耕耘，变革的嫩芽一定会萌生出来。 即使长年累积的坏习惯已根深蒂固，一群人中一定会有对错误悔悟的人。

一天，美里事业部的管理部长单枪匹马地开始了“早安问候行动”。 每天早晨 7 点 15 分，他站在工厂的玄关处，向每个来上班的员工低头问候:“早上好!”不论是正式还是派遣员工，都真诚地问候。 可能有人会说这是“一根筋”的行为，但是作为管理部长，他已经深切地意识到“不能再这样下去了”。

刚开始，大家都很惊讶地走过。 在以往没有打招呼的环境中听到有人问好，很多人都一下子反应不过来。 大多数人都是条件反射地还礼，或是很小声地回应。

管理部长如果此时放弃的话，互相不问候的习惯可能会变得更加顽固吧。 佳能电子的单元式生产系统现在的形态一定是另一番样子了。

他一天又一天地坚持早安问候，慢慢地，开始有员工主动地先向他打招呼了。 组织的车轮一旦启动，就会滚滚向前。 一个月后，大家都能很自然地向别人问好了。

习惯和风俗会以人为媒介越传越广。 问好的习惯从美里事业部扩展到了其他事业部。 佳能电子变成了一个能自然问好的组织了。

交流的改善让不良品率激减

单看由一个人开始的“早安问候行动”，只是微不足道的行为而已。 可是由此带来的交流改善却是令人惊喜的。 互相问候会拉近人与人之间的距离，增加谈话的机会。 这样，人和人之间的壁垒、部门与部门之间的壁垒渐渐崩溃。 对工作有益的信息也在生产现场流动起来了。 部门和部门之间，也形成了一条新的“信息流”。

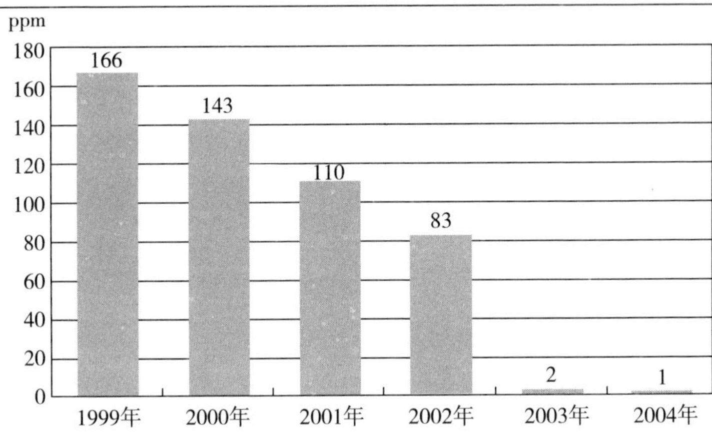

项目	1999年	2000年	2001年	2002年	2003年	2004年
不良品率/年	166	143	110	83	2	1
出厂数/年	2 983 800	272 400	282 000	290 237	503 600	818 965

图 4-1　EMD 工厂的不良品率成绩（PPM）

早安问候行动带来的冲击还表现在制造生产线上不良品率的激减。

以 EMD 工厂为例，从客户处返回的不良品退货率在 1999 年是 166PPM（Part Per Million = 100 万分之一），也就是 100 万个里有 166 个。5 年的时间，不良品退货率下降到 1PPM，即 100 万个里只有 1 个。品质提高的原因有很多，但可以肯定的是，交流的改善给予了它很大的影响。作为社长的我每次到车间都会强烈地感受到这一点。一般来说，由于生产现场的风气改革是一点点进步的，不太容易被察觉。可是较之 5 年前的现场风气，交流的频率和质量让人有种脱胎换骨的感觉。

特别是对外派员工的影响特别大。 5 年前，外派员工在工作中几乎不开口。 现在他们一发现哪怕是很小的变化，也会马上当场通知周围的人。

“这是不是有点不对劲啊？”

熟悉生产现场的人，对于这句话的价值是深有体会的。我最初听到这句话时，也切实感觉到了改善效果的显著。

佳能电子每年用于应对次品的预算是20 亿日元。 众所周知，重大的产品缺陷关乎公司的存亡。 企业为了不出不良品，花费了巨大的成本和劳力。 反过来说，如果能实现零缺陷，那 20 亿日元就是实在的利润了。 从早安开始的交流改善不仅仅是不花钱的不良品化解措施，更是公司增加利润的利器。

“站着开会”改善交流

需要进行交流改善的不仅是工厂，甚至可以说，在会议多、讨论多、电话多、邮件多的办公室中，交流改善带来的好处更多。

据说白领们的全部劳动时间有 1/3 在开会和讨论。 也就是说，他们工资的 1/3 用于为会议和讨论买单。

如果会议是在讨论真正很重要的议题，如事业部的方向和工作的推进方法，那么 1/3 也不算高。 不过实际上，不管哪个公司，经营者都因为无用的会议太多而头痛。 形式主义的会议，为开会而开会的会议实在太多了。

佳能电子在 5 年前也是这样。 打着开会和讨论的名义，浪费了大把公司资源。 以经营战略会议为例，社长、董事、事业部部长集中在一起，要开整整两天的会。 如果能讨论出结果也行啊，可远远不是这么回事。 如果算上所有参加者的工资，整整两天的经营战略会的成本是非常高的。

图 4-2　立式会议

所以，我将一个酝酿已久的办法付诸实践：在开会时，大家不坐椅子，站着讨论。

现在佳能电子的会议室里，是没有椅子的，只有被垫高了 30 厘米的桌子。 会议参加者围着桌子，站着讨论 2 个小时甚至 3 个小时。 以社长为首，一天站将近 8 个小时讨论公司的重要课题。

在佳能的各个生产现场中，也到处可以看到穿着 30 厘米“高跟鞋”的桌子。员工们如果有必要开会，就会围着其中任意一张，站着进行简短的讨论，讨论完接着工作。比起坐在椅子上谈话，立式会议所用的时间更短，频率却增加了。时间短、效率高的会议次数越来越多，生产现场的交流也随之越来越顺畅。

立式会议被证明对思维能力和健康都有益处

立式会议的好处不可估量。实行之后，产生了许多连我自己当初都无法想象的效果。

第一，谈话变得更活跃

大家都有体会吧，坐在椅子上开会很容易打瞌睡。立式会议正相反，能一直保持精神的紧张和头脑的清醒。必然地，与会者的发言也密集了。因此会议能在短时间内结束也得益于此。

第二，立式会议有益身体健康

有人会想，一直站着腰和脚不会累吗？实际上正相反，习惯之后，站着比坐着舒服。如果很快疲倦证明姿势不对。为了能支撑长时间的会议，身体自然会找到最佳的姿态。

尤其让我感到意外的是，公司内部腰痛的人少了。“站着开会之后，我的腰痛病减轻了。”我们经常会听到，工作中一直处于坐姿的人容易腰痛。比起以正确的姿势站立，坐在椅子上会增加腰的负担。立式会议能减轻腰痛并不是不可思议的事，那些被高血压困扰的员工们，也纷纷反映他们的血压下降了。

当发现精神紧张、头脑清醒对身体有益时，有人提议："光站着开会太可惜了，平时工作也站着怎么样？"于是工厂的非生产部门，特别是技术部门撤走了椅子。而尝试站着工作的员工对此评价也不错。有的部门采取立式工作后，生产效率也提高了。在工作中，如果想讨论一下，马上就可以走到立式会议桌子前。开完简短的会议后，再回去继续工作。这是名副其实的轻松的工作姿态。

面向镜子，纠正自己

从"世界第一运动"到"早安问候行动"，再到"立式会议"、"立式工作"，佳能电子的公司活动其实都算不上惊天动地，也没有达到媒体争相报道的轰动程度。但是从根本上改善了组织性质的正是这些不起眼的活动。从这个意义上说，它很像每天逐渐改善体质的中药。

这些公司活动各有各的目的，但它们的共同之处就是"紧张感"和"自觉性"。

在佳能电子的每个入口处都安装了大镜子。员工们每天在进入工厂之前，都会站在大镜子前，检查自己的仪表和神情。

心灵的松懈会表现在身体上。前一天晚上喝多了，第二天的醉态啦；因为熬夜，疲劳无法恢复，这些在镜子里都清晰可见。在进入现场之前，先冷静地看一下今天自己处于什么状态，有利于尽快进入工作状态。

图 4-3　EMD 工厂门口的大镜子

在 EMD 工厂，这面镜子就安装在大楼一进门的地方，紧靠工作间。正好处于内外交接的空间。

早晨，来上班的员工们会首先站在镜子前，检查自己的状态。镜子旁贴“三自精神”，还有三条标语写在纸上。

现在，必须要做的事是什么？

积极地行动！

自己管理自己！

就这样，对着镜子大声读出来。比起只是无声地用眼看、用心想，大声地读出来对于加深意识的效果要高好多倍。试一试大声朗读上述三行，您就会体会到这一点。可以想象，每天都在镜子前重复这些动作，工作时会产生怎样的意识。

朗读这三条标语之后，就要利用镜子边检查姿势，边进行打招呼的训练。按照点头、普通礼节、最尊敬礼节的顺序，一边注意弯腰的角度，一边行礼。为什么要进行打招呼的练习？恐怕没有解释的必要了吧。

目标管理的根本是懂得何时停下来

在 EMD 工厂中，在大镜子附近的墙上，贴着“社长消息栏”、“事业部长消息栏”、“厂长消息栏”、“科长消息栏”。以前只有管理层才知道的事情，现在所有的人都能马上看到。面向所有的员工做到“透明化”是 EMD 工厂的特色。

社长、事业部长、厂长、科长所制订的目标、政策不光张贴在入口处，在制造生产线附近的墙壁上也有。无论何人、何时、何地，都可以了解到这些方针政策。

图 4-4　公示出来的每人的目标完成情况

EMD 工厂中，各个目标方针的附近都贴着个人的目标管理表。从社长到每个员工，大方针和小目标之间的连贯性清晰可见。个人的目标就处于相关方针的下方，一眼就可以看出它们指向的是同一方向。

EMD 工厂的 2005 年度目标是“用户零件使用不良率在 1PPM 以下”。也就是说，出厂 100 万台，用户的不良品退货率要为零。如果产生不良品的原因是在运输等过程中，那也认为出厂时不是真正的零缺陷，也不算达到了目标。

遵照这一目标，每个员工都设定了月目标，随后将它分解为周目标、日目标。在 EMD 工厂中，将这种目标管理称为在“自发 4 倍运动”。 它是员工们自发进行的努力，即为了达到“TSS1/4”的目标，今天的工作应该怎么做。

在“自发 4 倍运动”中，每个员工提出 4 个月的目标。主要分为“品质”、“效率”、“5S”、“自我启发和自我关怀”等项。 以品质方面为例，如果一位员工提出的目标是“低级错误为零”，那么，一个月中不犯一个低级错误的话，就算达到了月目标，得 10 分。 如果连续四个月的目标都达到了，他在第五个月的月初就会在工厂中受到表扬。

单是提出月目标的话，也是不够的。 还要通过把它分解为每天的挑战目标，把目标和眼前的工作联系起来。 至于每天的挑战目标，各个员工每天都会将目标和完成程度用“○”和“×”记下来。 在一个和日历差不多的表格中，如果一个月都是“○”，则月目标为 10 分满分。 要在每天的挑战目标中保留过去的记录，可以随时地进行回顾一下。

很小的发现和改善也要记下来

在 EMD 工厂中，将每天的发现在日志中记下来是新员工的义务。 在日志上用几行文字将今天工作中的新发现记下来，然后由上司对此提出建议。 这一习惯在入职后要坚持三年之久。

今天打扫了卫生，车间的角落有许多垃圾和灰尘。

都是诸如此类的小事，不过由于记在日志中，所以留下了深刻的印象。坚持三年后再回头看，能够再次认识到自己的成长。这样的积累可以提高对工作的责任意识。

“一日一善”运动是由 EMD 工厂的全体员工发起的。他们把每天实施的小的改善记录下来，每月两回，在科里的发表会进行报告。这样做的目的就是为了让改善活动每日不休地继续下去，我们还进一步地将发表会上的报告记录下来，很自然地形成了一个改善事例集。

此外，在 EMD 工厂中，针对“用户零件使用不良率”，会像警察局公布交通事故一样，进行“每日播报”。

2005 年，连续 183 天零投诉。这对于提高员工的紧张感很有帮助。

当零投诉的纪录持续保持，大家都会想:“我可不能成为破坏这个纪录的罪人啊。”

生产线在员工交班时最容易产生不良品。所以，我们采取了登记制，记下何人何时交班。

在生产线上，有进行操作指导的老员工，他们对操作品质进行检查，并对此负责。基于操作标准、操作时间、谁指导了谁都会被记录下来。可以说，它就是保证作业品质的急救所。

当生产线上发生问题时，问题和解决对策在第二天都会被公示出来。

以手工操作为主的单元式生产方式中，诸如此类的目标管理和意识提醒决定了最终的品质和生产效率。如果紧张感稍有松懈，生产现场的整体目标就无法实现。了解自社长以下的方针，按照整体目标制订出每天的个人目标，对于维持紧张感很有帮助。

让做得不好的员工重拾自信

1999 年开始的“TSS1/2”和 2003 年开始的“TSS1/4”都结出了丰硕的果实。佳能电子在 5 年间，生产效率提高了 8 倍。如果制造生产线的速度提高而空间压缩，就一定会有剩余人员。

由于我的方针是绝不解雇员工，所以只要他们自己不提出辞职，我就会为生产线上的剩余人员找到新的工作。有安全感是专心工作的前提，如果整天担心自己何时会被解雇，就无法专注于眼前的工作。只要经营者承诺“绝不解雇”，公司的职业道德就会提升。

佳能电子的单元式生产系统归根到底是一种“人的能力无极限”的思路。这既包含一个人的能力可以无限延伸的含义，同时也可以理解为一个员工可能有多种能力。即使他在某个工作中做得不出色，也一定会有另外的工作适合他。

在秩父工厂就有一个极好的例子。

有一个 50 岁的女员工，因为达不到“TSS1/2”提出的操作速度提升目标，被生产线所淘汰。像她这样的员工，是暴风骤雨般的业务改革的牺牲品，并不是本人对工作懈怠。如果她在某个岗位上做不好，为她找到另外一个岗位是经营者的责任。

抱着这种想法，我暂时让她负责工厂内的清洁工作，而这项工作以前一直是请公司外的人做的。这样，既可以防止公司内部失业，同时还可以消减外包费用，可谓一箭双雕。

这位被生产线淘汰、正在考虑辞职的女员工，得到新的工作后，变得非常积极。也许清洁是她的拿手本领吧，她负责打扫之后，工厂马上变得漂亮起来。既减少了外包费用，工厂又变得干净了，作为经营者还有什么不满意的呢？

经常会有人夸奖她：“最近工厂变得好干净啊！”她听了之后，对工作更加投入了。现在她又在走廊等显眼的地方摆上了美丽的插花，让客人和员工都觉得眼前一亮。

这些插花都是她自费购买的，她并没有把插花看成工作。我曾想过替她支付经费。不过既然是她的一片心意，我们还是满怀感激地接受为好。

从这个例子可以看出，在某个工作遭受挫折的人，将他调到别的岗位时，也许就可以重拾自尊，做得出色。这里有工作适应不适应的原因，更有意识提高的因素。

正如这名女员工一样，如果每个人都满怀骄傲，全心投入工作，公司的业绩就会成倍地增长。打造安心工作的环境，打造全情投入工作的环境，不正是经营者和管理者的责任吗？ 而从员工这方面来说，珍惜给自己的机会，认真地回报周围人给自己的期待，最终也能让自己走出困境。

员工待遇是意识改革的后盾

佳能电子中，有5种雇用形式：正式员工、试用员工、兼职员工、派遣员工、承包制员工。 虽然他们各自工作的内容和所起的作用各不相同，但是做产品时必须团结合作。

在这个世界上，有些组织会根据工作和所起作用的不同，理直气壮地进行差别对待。 后果要不就是工作中无法团队合作，要不就是即使合作也达不到很高水准。

像单元式生产方式这种个人意识直接影响品质和效率的形式中，如果组织内有差别和隔膜，马上就会频繁出现不良品。 此外，还会有许多人失去对工作的热情，速度一落千丈。

这种人性心理的管理机制是在学校中学不到的。 我见过一位曾管理过上百人生产的管理者。 他无疑是个学历很高、头脑清晰的人。 虽然他的学历和工作经历都非常了得，但是将他派到海外，担任生产现场的法人后，短短数月之内，他就和现场的人发生摩擦，最后闹到无法收拾，被叫回日本了事。

被派去收拾这个烂摊子的继任者学历不高，也没有辉煌的经历。 但他在现场出色的表现让大家都很爱戴他。 虽然是面对外国人，但他超越了语言和文化的差异，赢得了对方的心。

这种事例我见到的不止一例。两种类型的根本差异在于，是否有无聊的特权意识和差别意识。当然在高学历的人当中，也有许多人具备让所有人都支持他的“人格魅力”。关键是要具备理解对方情况、洞察对方心情的感知力。

现场有多少名具备这种感知力的管理者，会关系到单元式生产方式的成功。头脑再聪明，如果缺乏这种素质，将这种人派到生产现场去将是一件非常恐怖的事情。

佳能电子开展的“世界第一运动”等活动，从正式员工到派遣社员都必须参加。在所有的员工中开展活动，必然会增加成本，但是从减少不良品和防止工期滞后的角度考虑，这些成本都微不足道了。

在“世界第一运动”（1999 年）和“指示和汇报”的开始阶段，我们向所有员工征集标语。“世界第一运动”挑选了前五位的标语，向一等奖的人颁发了相机作为奖品。其中正式员工和派遣员工一视同仁。“指示和汇报”活动中，有 4 000 多件作品应征。许多应征作品都来自于派遣员工和承包制员工，读起来虽然很辛苦，但我们还是一封不落地读完了。佳能电子公平地对待每一个劳动者，这与雇用形态无关。

比如在向正式员工发奖金时，我们也会为兼职员工和派遣员工准备一些礼物。毕竟，如果正式员工兴高采烈，而他们只能在一旁看着，实在不是滋味。再者，我希望他们能共同体会快乐。

对待工作上的成绩更是如此。有一天，一个兼职员工在往零件上涂黏合剂时发现有异常，就说："感觉和平常的黏合剂有点不一样。"我们检查了一下，发现黏合剂的比例出现了问题。由于发现得早，只产生少量不良品，马上就纠正了过来。

我向这位兼职员工表示了感激，并在每月一次的部科长会议上，对他进行了表彰，还送了红包作为谢礼。

假如这位兼职员工没有发现异常，或是发现了却没有及时报告，公司也许会产生极大的损失。想到这一点，便觉得怎么感谢他都不为过。无差别地对待员工工作上的成绩，不仅可以使他本人焕发对工作的热情，周围的人也会加深对公司的信赖。

根据工作和职责给予公平地待遇，这对于提高员工整体意识非常重要。

各种员工自发运动

"世界第一运动"也好，"自发 4 倍运动"也好，都是在每个员工采取了自发性的行动之后，才见到成果的。

以 EMD 车间为代表的佳能电子工厂，员工在下班后的活动也非常丰富多彩。有的在休息时间进行训练，让手部动作更加灵活；有的下班后组成小组召开学习会。这些都对改善现场环境，提高业务效率起到了不小的作用。

要想完成全公司的目标，最关键的就是员工们要对自己的工作表示强烈的关心。如果在现场劳动的每一个人都对品质、速度、成本等方面的因素漠不关心，没有养成思考“怎么改善才能取得好成果”的习惯，就不会采取积极的行动。

在 EMD 工厂中，每周五下班之后，就开始了职场中的改善活动。这种包含 5S 在内的改善活动已经持续了五年。比如说，假如下一周有生产线布局的变更，他们就会把天花板、相关管道等死角打扫一下。工作台的校准、配线的调整，擦门窗，修剪停车场的杂草……每一回的活动内容都不同。参加者自行决定是否参加。

一般来说，活动一个小时就能结束，如果有布局变动的话，可能要到将近 9 点才结束。如果周五生产线要搬家的话，有时会干到第二天。这不是工作任务，而且是自愿活动，并不一定要全员参加。也有的人有事先回去，星期六再来。不过实际情况是，不管是兼职员工还是派遣员工，只要是与这条生产线相关的人员都一定会参加。

用“三现主义”解决问题

职场的改善并不是靠谁下命令来推动的。让人讨厌的改善政策在实施后，肯定不会取得明显的效果。只有出于自发，才会有实质的改善。

有一次，EMD 工厂检查周围的废品箱。在检查废品的过程中，发现有些橡胶手套还可以用。这样就被扔掉，我们都觉得太可惜了。

于是我们将丢弃的手套进行挑选，将使用状况分为三个阶段，并分别拍照。这三个阶段是：可用、即将不可用、可以丢弃，并将照片贴在废品箱旁边。

迄今为止，大家都没有考虑手套的使用期限，而从这些照片开始，我们设定了标准。再有人将还可用的手套丢弃时，看到废品箱边贴的照片，就会犹豫一下了。

通过这个活动，EMD 工厂手套的购入量削减到了 1/4。虽然这并不是特别大的金额，但是如果这样的改善每周都有的话，持续数年后，工厂中的“无用功”就会被消除殆尽。这时，改善的效果就不可估量了。

我还想称赞的一点是，这个团队的全体成员都去检查废品箱的行为。他们按照“现场、现物、现实”的三现主义，实事求是地进行了分析。在他们的行动中，既没有头脑中的假想，也没有空想的理论。所以，他们的改善才能取得成果。

最近的办公室中，三现主义已经被遗忘了。只有空中楼阁式的“商业活动”在进行着。光是会议室头碰头地去想，或是光凭印象计划工作。一到实际工作时，就会碰到一个又一个现实的障碍，计划完全行不通。 因为最初的计划根本就是空想的产物，不可能和现实贴合。

到现场去，看到真实的事物，进行现实的思考。 没有经过三现主义洗礼的职场一定会出现一个接一个的麻烦。 在这些麻烦的追击下，连眼前的工作也顾不上了。 而且这种应接不暇的状态还会一直持续下去。 这往往就是造成负责人对于工作不作为的“二传手体制”的根源。

生产线改革一直向前

劳动者自发的活动，即使每一个都是很小的改善，最终也能结出丰硕的果实。 这就是单元式生产方式特有的灵活形式。

佳能电子工厂中，到处都是手工制作的设备。 那些在传送带时期要靠购入的设备，现在也尽可能地自己制造。 单元式生产方式的工作台和零件架就不用说了，制造生产线的大部分组成部分都是操作者和周围的人协作完成的。

秩父工厂中有一间手工建造的简易的“净室”。 它在工厂的一角，长 11 米宽 7 米。 地板微微垫高，从天花板垂下透明的塑料帘，把整个作业区域围了起来。

这个简单的“净室”是这里劳动的员工在周围生产线的人的帮助下，花了两天建造的。 周围的人利用下班时间或休息日来帮忙。

图 4-5　小型电动喷射成形机 LS-300

这也是自主活动的一环。本来，设施改造是业务的组成部分，不能算自主活动。可是生产现场的操作者每天都在一点一滴地改善，所以也可以把它算作自主活动吧。下午 5 点组装作业完成后，他们就会很自然地聚集到工厂的一角，讨论生产线改善和业务改善。这时，其他生产线的人也会参加。这其实就是自主性质的研究会。许多改善措施就是从这里产生的。

如果新员工参加进来的话，培训效果是非常令人期待的。生产线和工厂的前辈们，会认真地教给他们一些在操作中无法教会的东西。 而新员工也可以用一种与上班时完全不同的心态，融入到同事中去，从最基础的事情学起，这对于自己的成长非常有利。

下班后的自主活动大约有一个小时到一个半小时。 由于是自发的活动，所以不会有心理负担。 在比较费事的生产线切换和搬家前，有时大家会留到 8 点甚至 9 点。

具体的改善措施实施后会收到很大的成效，不过更有价值的是，养成了每个人自发地为了成长而努力和齐心协力做事情的习惯。“所有的设备都由自己来做”的想法，也是从这里培养出来的。

在秩父工厂中，员工甚至自己制造了与设备相关的真正意义上的机床。

具有代表性的是，他们制造了放在生产线旁边的小型电动喷射成形机。 它是一台将小型树脂齿轮等用于组装的零件喷射成形的机械。 以前零件制作一直要到外面加工，现在就在旁边，触手可及。 放入材料，输入规格，机械就会在无人状态下自动制作出样品来。

为了能在单元式生产线上使用，机床从最初就做得非常小，并装有脚轮，可以配合工厂的布局，自由地移动。

它制作一个零件的速度并不快，可是它就在生产线旁边，无需移动时间，所以慢一点也无所谓。 佳能电子的技术开发中心原本是只面向公司内部工厂生产的，不过由于产品出色，也开始了外部销售。

我们自己制造并像宝贝一样使用的东西，当然也会被外部客户所喜欢。这也是“我们制造一切”这一风气催生出来的产业吧。

“人脑科技”

在第一章中，我们就介绍过，引入单元式生产方式的好处在于，它能清除传送带时代沉积下来的厚重“灰尘”。这种“减法”和独立的生产机械相得益彰。

而那些价值数千万日元的大型制造机械在单元式生产中丝毫没有用武之地，因为没有那么大的空间。事实上，在生产线要进行频繁移动的单元式生产方式中，那些既占地又很难搬动的“大块头”是生产的绊脚石。

于是产生了“ChiE-Tech”这一对设备进行改造的活动。“ChiE-Trech”即“人脑科技”，意为只要动脑筋，就能做出效率更高的设备。

在现实中，EMD 工厂的确诞生了许多这样的设备。比如芯片成型模具，以前是一个近 100 公斤的大型机械，而现在换成了一个让人怀疑是不是玩具的小工具。动力也由空气泵变为手指轻轻一点。

从成本来说，以前的机床是以 25 万日元一台的价格从外面买来的。而现在由于是自制的，材料费才花了 1.8 万日元左右。还有一台机器，以前是花 61 万日元买来的，而现在只花了 1.5 万日元。

成本虽然下降了很多，所起的作用却和以前一样。 回头想一想，为什么以前要花那么高的成本呢？ 这就是沉陷于传送带时代的弊端了。 在那个时代，本来用一根手指就能完成的事，却要换成大型机床来做，而且还将之视为理所当然。只因为深信“机械化”永远是对的。 人们的头脑一旦开动，就容易只向着一个方向想。 怀疑自己所熟悉的常识，的确不是一件容易的事。

图 4-6 中，左侧是以前从外部购买的设备。 动力是空气泵。 重将近 100 公斤，价格每台 25 万日元。 右下方是靠人脑科技做出来的产品。 动力是一根手指，材料费大约 1.8 万日元。

图 4-6 “人脑科技”产生的芯片成型模具

如果是要用上 5 年、10 年的机械，成本高一些也无所谓。可现在的产品周期特别短，设备的前期投资就不能那么大了。如果是只生产几个月的产品，机床就算不那么完美，只要好用、安全、体积小，就完全可以了。

“人脑科技”给单元式生产方式带来了许多好处。单元式生产方式也是要进行机械化、自动化的。这时“人脑科技”培养出来的经验就派上了大用场。

大部分“人脑科技”是由各个生产线的操作者想出来的。以他们的想法为蓝本，那些擅长机械制造的员工做出了成品。如果一开始就想着怎样“将大机床做小”，那么“人脑科技”也许不会这么成功。大多数机床都是靠现场的灵感——“是不是这样做会好一点”而产生的。

“人脑科技”削减的成本与空间相当可观。不过它真正的价值在于“在现场发掘灵感”。员工对于面前的操作不是熟视无睹，而且经常问自己“这样好吗？”、“还有更好的做法吗？”而新想法就在这样的自问自答中萌发了。

不用说，这些想法的基础就是员工们进行的自发活动。

工厂面积成功削减了 70%

在本章中，我们以 EMD 工厂的意识改革为焦点，介绍了秩父工厂的单元式生产方式。最后，我们简要说一下它的成果。5 年间，全公司性的“世界第一运动”、“立式会议”等由员工自发组织的各种活动，在多大程度上改变了秩父工厂呢？ 图 4-7 总结了佳能电子的革新进展情况。

◉成果最显著的一项就是削减空间

“TSS1/2”开始之前的 1999 年，秩父工厂、横濑工厂和山田工厂，三处合起来共占地 37 972 平方米，加上 4 个合作公司，共计占地 43 216 平方米。

2001 年，横濑工厂和山田工厂以及 4 个合作工厂全被秩父工厂整合，合计 20 461 平方米，是 1999 年的 1/2。

在“TSS1/4”结束之后的第二年，即 2004 年，秩父工厂的可用空间为 13 168 平方米，总面积中出现了 5 309 平方米的空地。 原来的 4 幢大楼削减为 2 幢。 多余的 2 幢工厂和一些旧的废弃设备已经被拆除了。 剩下的空间已经足够用于生产了，于是在拆除的建筑物的旧址上，我们种上了树木，进行了绿化。 推倒工厂进行了绿化对于治理环境非常有效。

◉成果之二，节省了各项经费

电费在 1999 年为 2. 1 亿日元，2004 年为 1. 17 亿日元。 5 年间减少了 9 300 万日元，缩减了约 44%。

各个基地之间的物流费每年需要 4 000 万日元，将分散在各地的工厂整合到秩父工厂后，此项费用取消。

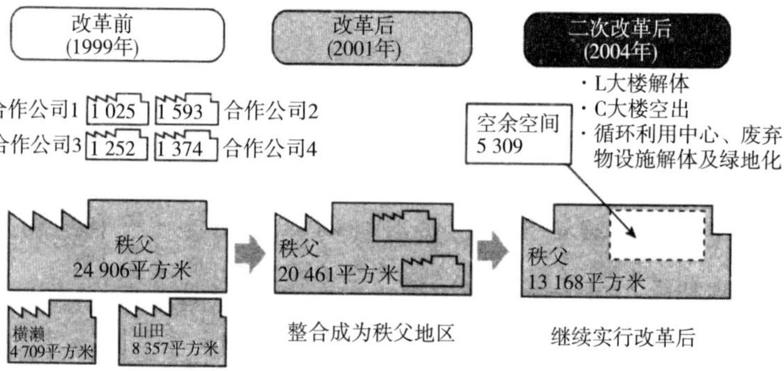

		1999年	2001年	2003年	2004年	效果（1999—2004年比较）
空间	使用空间：平方米	43 216	20 461	16 002	13 168	▲30 048平方米（▲70%）
经费	电费：万日元	210	144	123	117	▲9 300万日元（▲44%）
	物流费：万日元	40	0	0	0	▲4 000万日元（无需基地之间运输）
环境	二氧化碳排放量：t-CO_2	7 624	4 636	4 238	4 091	▲3 533平方米（▲46%）
	电使用量：MWh	15 080	9 533	8 936	8 423	▲6.657MWh（▲44%）
	水使用量：M^3	150 824	93 697	64 198	64 049	▲86 775M^3（▲58%）

图 4-7　佳能电子的革新进展情况

◉成果之三，在环境治理方面颇有成效

二氧化碳的排放量削减了 46%，电力消费削减了 44%，水的使用量削减了 58%。 废弃物的总排放量（可利用物品、

可回收利用物品、废弃物）削减了 25%。

从 1999 年开始的“TSS1/2”和 2002 年开始的“TSS1/4”对于节省空间、降低成本和保护环境都起到了重大的作用。

佳能电子的销售额比 5 年前只增加了一点，可是销售毛利率却在 5 年间从 1. 5%上升到了 12. 8%，增加了 8 倍以上。 改革的成果直观地在公司的利润上体现出来。

佳能电子的单元式生产方式以意识改革为基础，无论从制造生产线的改善，还是工厂空间的削减，各个方面都在 5 年间取得了很显著的成绩。 这些您一定已经了解了吧。

第5章

办公室也要用单元式生产方式来改革

迈向自律分散型的经营体系

在第三章和第四章中，我以本公司工厂为例，介绍了单元式生产方式如何使制造生产线效率化以及对于劳动者的意识和职场风气有何影响。

一言以蔽之，单元式生产方式就是“自律分散型的生产方式”。在传送带方式下，所有的操作人员在一条制造生产线上，共同制造同一种产品。与之相反，单元式生产方式中，每个操作者在独立的制造生产线上操作，而众多的被称为“单元”的生产线同时地进行工作。不过，它们可不是各行其是，如一盘散沙般工作。在各个“单元”中，每个操作者分别进行组装，可这些操作者的思想必须是统一的。

这里就体现出意识改革的重要性了。 在各个车间中，方针、目标、规则等方向性的政策都是划一的，为了让大家的目标一致，我们下了很大的工夫。 结出硕果的单元式生产方式使全体操作者自律地劳动。 即使工作是各有分工的，可是在根本上，意识却是统一的。 也就是说，这是一种“自律分散型的生产方式”。

它的观念和“Holonomic”经营（追求个体和整体有机和谐的经营）非常相近。 我在20年前和相关研究者一起，对如何在公司中实现自律分散的观念进行过思考。“Holonomic”经营的“个体和整体的统一”与思想统一后的分散型生产方式在根本上是相通的。

通俗一点说，自律分散型生产方式意为员工不是根据上面的命令进行劳动，而是经过思考后自发劳动。 这种组织状态发挥出了高度的机动性。 所有人工作有统一的方向，没有朝着不同方向前行的人。

虽然单元式生产方式说到底只是一种生产方式。 但是若将它对于意识和风气的影响发扬光大，就能超越制造部门，发展为全公司的结构改革。 这就是将“单元式生产系统”用做经营系统的思路。 它完全可以发展为以工厂为起点的全公司性的意识改革，甚至可以进一步发展为结构改革。

制造业要想做到利润最大化，开发、制造、销售三个部门必须高效地运转。 如果有哪一环比较薄弱，就无法发挥合力。 经营部门的职责是控制好这三个部门。 开发、制造、销售、经营这四个轮子都转动起来，才能建成高利润的体制。

在本章中将向您介绍，在工厂之外，单元式生产方式是如何用于提高办公室生产效率的。工厂的生产革新如果最终不能演变为全公司的改革，就毫无意义。从经营的角度来看，发展“单元式生产系统”就意味着建成利润体制，壮大公司。

办公室工作的“不可视化”

在佳能电子的单元式生产系统中，“可视化”是重要的元素。

在第四章中，我们介绍过，秩父工厂的 EMD 车间中，从公司方针到个人目标，各个层次的方针和目标都张贴在墙上。这是为了确认自己所做的工作在公司中处于何种位置，让员工劳动积极性再高涨些。虽然在晨会等集会上，管理者会宣布每天的目标，不过“可视化”的优点在于每个人能随时随地地确认方针和目标。张贴出退货件数和次品率并每天更新，也是出于同样的目的。

另一方面，“可视化”对于实时地把握现场状况非常有用。现场正在发生什么？谁在做什么事？进展如何？能够实时掌握这些能提高管理的精确度。

在单元式生产方式中，每个人负责的作业范围和速度各不相同，所以很容易测量出个人的能力。和传送带方式相比，工作的进展状况、能力的差别、不良品的发生情况等等，都一目了然。这就是单元式生产方式的特征。这对于高效地活用人才非常有利。只有在工厂中劳动的每一个人，都不做无用功，高效率地推进工作，单元式生产方式的引入才有意义。

可是，当我们将目光由工厂转向办公室时，白领们的生产效率就很难测定了。提高办公室的生产效率，从很早以前开始就是众多企业的经营难题之一。近年来，它的重要性也越来越高了。工作量没有增加，可是为什么从本公司的管理层开始，越来越多的白领们都加班到深夜？为这些不可思议的现象而搔头的经营者恐怕不在少数吧。

我觉得原因在于 IT 化。这是 IT 化招致的结果。在没有紧张感的职场中，IT 化很容易成为生产力下降的源头。

现在的办公室中，大部分业务都是在电脑上进行的。在一人一台电脑成为惯例的时代，没有哪项工作是不使用打字、表格计算、演示等程序的。

通过内部网可以处理公司内部的信息，利用互联网也能轻松获取公司外部信息。的确，IT 化提高了办公室的业务效率。

可是，在另一方面也存在问题。

大部分业务在计算机上处理以后，每个人在干什么，周围的人都很难看到。更严重的问题是，管理者也很难看到。

在 20 年前的办公室中，谁的工作重，谁没活干，管理者只要看看部下的工作情况就知道了。只要看看桌子上堆的文件和发票，什么工作进行得如何，基本上也可以掌握了。

随着电脑工作的日益增多，每个人的工作进展和负荷都成了“黑匣子”。如果有汇报、沟通、会谈等面对面的交流作为辅助还好，可是在最近的办公室中，这些越来越少见。管理者不在，部下就用邮件汇报，管理者回封信就完事。这种情况并不在少数。

再有，打开互联网的页面，是在收集业务所需的信息，还是只是单纯地打发时间？这也很难区别。由于只要操作电脑就像是在工作，所以有些员工偷偷看感兴趣的网站或玩游戏。

在 20 年前的办公室中，如果工作时间在桌子上翻杂志，就会被上司骂。而现在在电脑上可以尽情浏览有趣的网页。打私人电话马上会被批评，可私人邮件谁也不会过问，想写几封写几封。

有时候，使用电脑的人在工作，而管理者却以为他在收集无用的信息或在写邮件。过去如果发现有人怠工，就能讽刺他说：“喂喂，你在玩什么？”可是在如今的办公室环境中，想确认他是否在工作已经变得很难了。

IT 化的确可以提高业务效率，不过另一方面，我们也有必要怀疑它是否产生了许多无用功。在不断 IT 化的公司中，高层和管理层有什么好的对策吗？

掌握电脑的使用状况

从 2000 年我开始思考，有什么办法能掌握公司内每一台电脑的使用状况呢？ 当时并不是为了要估量办公室的生产效率，主要问题是为了在公司内构筑起信息安全构架。

当今，企业信息泄露是很大的社会问题。 不过当时更为厉害。 翻开那时的报纸，一个公司数百万份的客户信息被泄露的可怕事件时有发生。 信息泄露的企业为了向客户道歉或收拾局面，可能要损失数亿甚至数十亿日元。 而且，企业形象和信誉会一落千丈。 泄露一次信息，就会动摇公司的根基，这绝不是耸人听闻。

我当时就任于软件开发部门，2001 年公司自主研发了名为 Sep 的电脑日志管理系统。 在电脑启动直到关机的期间，该系统的历史记录会记录鼠标的动向、密码输入、启动的程序、访问的文件、浏览的网页、发送与接收的邮件等等。

为什么本来以信息安全为目的，却开发成了日志管理系统了呢？

我们调查发生过的信息泄露事件之后发现，从公司外部通过互联网盗取情报的例子很少，大多数都是由公司内部人员泄露的。 有正式员工，也有临时员工、派遣员工、合作公司的员工。 总之，出卖机密信息的不是公司内部的人就是能接近公司的人。“敌人”就在内部。

其中既有用客户信息换取金钱的意志薄弱者，也有竞争公司派来的商业间谍。也有人把原公司的机密信息当做人情献给新公司的。

另外也有无意间泄露的。如有将信息存入磁盘或 USB 内存中，在拿回家时丢失的。也有拿着笔记本电脑被盗的。还有在发邮件时写错了地址的，结果把重要的信息发给了对方。

或者是在不经意间发到公司外部的私人邮件中，包含了公司的机密信息。他自己不觉得，可是在竞争公司和投资者眼中，就变成重要的信息了。

由于机密信息会在“哎呀，一不小心”的状态下泄露到公司之外。所以电脑的日志管理不光保护了公司的信息，也保护了员工。

办公室的“无用功”在日志管理下显形

为信息安全而开发的 Sep 系统于 2001 年 4 月被安装在公司的 900 台电脑上。这是一次没有事先通知的突击性检查。不过，在安装前，我们再三地强调了保密和电脑使用的相关注意事项。

一个月后，日志分析的结果出来了，连我自己也吃了一惊。

有些员工每天上与工作无关的网站时间达 3 小时以上，有的员工连续网聊 9 个小时。此外还有在网上买卖股票的、进行拍卖的、玩游戏的、交换文件的。很明显，这些都和业务无关。至于私人邮件更是多得惊人。

这不仅有泄露信息的危险，办公室的生产效率也因此下降。公司在为这些“无用功”时间支付薪水。有许多人甚至拿着加班工资在网上玩游戏。

于是，我们把200人的管理队伍聚集到会议室中，公布了分析结果。我们回放了一部分员工浏览过的网页，有少儿不宜的、有动漫的、有购物的、有占卜的。当然其中也包含召集来的管理层浏览过的网页。

我关闭了公司通往外部互联网的网络。办公室一片哗然。我通知员工们：“如果有业务上需要上网的，请和上司一起联名申请。”

结果，公司内部上网的人顿时下降了一半。半数以上的员工工作中并不需要上网。

公司从20世纪90年代起，为了解决数据量增加的问题，开始了大量的IT投资。可是不得不说，这些都是无用的投资。信息系统部长看到这个结果非常沮丧。

通过日志管理系统，办公室无用功泛滥现象无处藏身。而改善措施也应运而生。例如，在佳能电子，禁止同一楼层或上下楼的员工之间发邮件。有需要交流的事情，马上在立式桌子前开会或是用内线电话进行联络。比起花时间写冗长的邮件，这样做工作会进展得更快。如果重视速度的话，最好尽量减少邮件数量。

Sep 系统经公司内改良后，从 2003 年起销售到了公司外部。 对于为办公室效率而苦恼的经营者来说，这个工具无疑是个宝贝。

作为经营者我认可它的作用，而且我认为别的经营者也会和我一样，所以就开始尝试着外销。 迄今为止，包括咨询服务在内，有数百家公司采用了佳能电子的 Sep 软件。

为了应对对合并和财务报告有诸多规定的美国《萨班斯法案》，日志管理系统受到关注。 在日志中记录下业务全过程，已经成为了常识。

开掉那些用人不当的领导

Sep 系统开始销售之后，公司收集了许多办公室生产效率的数据。 在分析上千件日志数据时，办公室生产效率低下的原因渐渐浮出水面。 它和信息安全并非毫无关联。 根本原因是一致的。

说得极端一些，在信息安全做得好的公司里，员工的积极性高，办公室的生产效率也高。 同时也形成了具有紧张感的职场风气。

在许多员工玩游戏的公司里，利润率当然会低。 不信的话，可以试着去调查一下那些销售毛利率不超过 2%的公司中计算机的使用情况。

更让人想不到的是，Sep 系统让我们在人才使用方面有了收获。

有许多在公司中评价很高的女员工，居然也经常上与工作无关的网站。私人邮件、聊天、网上购物，买卖股票……天天都在网上玩。其中甚至有人利用工作时间，自己经营网站的。

即便如此，她们还被视为公司里的优秀人才。这个评价本身并没有错。在根据 Sep 结果进行询问时，她们大都会这样回答。

“我想多干点，可是没工作可做啊。”

她们都是完成自己工作后，才在电脑上玩的。有个别时候，一天的工作上午就干完了。为了打发剩余的时间，就在网上玩。

我的建议是，若要处罚的话，就处罚她们的上司。如果上司不了解她们有多优秀，或是了解之后却出于个人感情，有意不让她们多干活的话，就是一个失职的上司。跟着这样的上司，真是女员工的灾难。

一名在公司私自使用网络的女员工在调到别的部门后，面对比以往多得多的工作，依然干得有声有色。当然她已经不再上网了，她的能力在工作中发挥得淋漓尽致。这对于公司也是一个好的结果。

在生产效率低的职场中，首先要看看管理层是不是存在着问题。这些管理者大多都用人不当。工厂也好，办公室也好，大多如此。一定要不被表面现象所迷惑，正确地把握职场状况，对管理者进行意识改革。

用单元式生产方式的观念改革销售部门

单元式生产方式在工厂之外也掀起了改革的浪潮。作为实例之一，我想向您介绍一下，当销售工作采用单元式生产方式的思路之后，工作面貌会有怎样的改变。

佳能电子在埼玉县秩父市，经营佳能集团销售的代理店，主打产品是复印机。我赴任之初，只有 20 个销售人员。虽然就在眼皮底下，可是市场份额不到 20%。

为了扩大份额，我首先从销售部的人员数着手。按正常的思路，如果要加强销售，就要增加销售人员。而我却将人员由 20 人减到了 10 人。

在销售部门中，不可能全部人员都做得一样好。由于工作方法不同，效率的差距之大，让人难以想象。可以说 20% 的人在做 80%的工作。

做得多的人和做得少的人同在一个职场，做得少的人便会到处闲逛，破坏职场气氛。这和在工厂的传送带上，手脚慢的人会耽误生产进程是一个道理。我留下了业绩最好的 10 个人，其余的人都调到别的岗位上。这样，工作就集中在有热情的员工身上，每个人的销售额也直线上升。

下一步进入移动距离分析。秩父市面积很大，特别是东西方向距离远。经调查，销售人员的无效移动很多。有的销售人员一天连三个客户都拜访不了。

如果将移动距离进行分段优化的话，就能缩短距离。这和“TSS1/2”、“TSS1/4”中的缩短产品移动距离有着一样的思路。意识到“一定要缩短移动距离”之后，销售人员有时一天能拜访 12 家客户。

我还扩展了销售活动的线索。在我就任之前，开拓新客户是以不经介绍贸然上门为主，许多都是无效出击。于是我就指导他们以熟人介绍为主要推销方式。大多数员工都居住在当地，人脉总数相当的可观。难得的地利条件，不用太可惜了。贸然上门的推销形式成功率几乎为零，而换为经人介绍后，成功率提高了 50%。当然，这需要进行意识变革，让全体员工都来支持销售，而不只是凭几个销售人员。

另一个具有单元式生产方式特色的是，推进销售人员的多工种化。要让他们掌握一些初级技术，达到如果是小故障，不用叫技术人员，自己当场就可以修理的水平。有时还要能提供类似销售顾问的服务。将一些在佳能电子中取得成绩的改善活动，如立式会议、销售革新等教给客户。因此，我们不是单纯卖复印机。如果能在广泛的领域中为客户服务的话，客户就会珍视我们，不会再换用别家的产品。

如同单元式生产方式的多工种化发挥了操作员的潜在能力一样，销售人员不单是卖东西，同时也能学到新技术，提高自己的能力。

经过销售改革后，5 年前只有 20%的市场份额，现在却超过了 80%。这一成果也是“世界第一运动”等让员工具有自发性的活动所带来的。和工厂一起进行改革的意义也不言而喻了。

搬家抖落了心灵上的灰尘

佳能电子一直在频繁地搬家。这在最后一章中将详细介绍。其中有整个工厂搬家的，有只搬一条生产线的。这么做的目标是为了“拂去灰尘”。一般家庭搬家后，就会马上打扫房间，收拾整齐。有时还会邀请客人来。而过半年、一年后，没用的物品散落在房间的各个角落，一片狼藉，羞于示人。

工厂也是一样，一直不动就会到处都堆着没用的东西。就像灰尘积了厚厚一层。所以我们要不断地搬家。每次搬家，就会看到制造生产线产生的“灰尘”，并将它打扫干净。我们称之为“搬家效用”。

基于同样的想法，我们也频繁地进行轮岗。

长年待在同一个部门，对工作的紧张感也逐渐淡化了。开始觉得公司的方针啦、目标啦，都跟自己没关系。也就是说，“心灵上的灰尘”越积越厚。由于是老手，工作当然做得不错，可是最根本的目标却迷失了。说到用新思想去推进改革，恐怕连想也没想过。

如果不能意识到工作的目的和价值，大部分的人就会开始得过且过。好容易变得纯净的职场就会“灰尘满面”，严重时有人甚至会做出违反法律的事。“小人闲居，为万恶之源”，这就是失去紧张感之后的真实写照。

员工的心灵积满灰尘后，就要让他们交换工作，改变环境。轮岗也是办法之一。如果部门全体都陷入停滞状态，让他们搬家也是一个好方法。

我在秩父工厂时，当感到研发部门进入停滞状态时，就一狠心将整个部门搬到位于东京芝浦的东京本部的大楼上。像研发这种需要创新的工作，在大都市的中心接受刺激，想象力会变得更丰富。组织变得活跃，工作效率也会提高，再回到秩父也能举重若轻了。因为他们已经形成了一个马上就能行动的敏捷的队伍了。

除此以外，单元式生产方式的思路在办公室中还有许多可以利用的地方。当改革的浪潮从工厂中蔓延出去之后，办公室也从单元式生产方式中受益。用单元式生产方式改革整个组织，这正是“单元式生产系统”的精髓所在。

终结篇

用单元式生产系统改变经营

公司的竞争力是由研发、制造、销售三个部门的合力决定的。不过在推进全公司结构改革时，以制造部门为起点，效果会更好。

首先，在工厂劳动的人占大多数。在佳能电子中，包括临时员工和派遣员工在内，有1650人在工厂劳动，相当于全体员工的75%。光从人数上来说，对于组织风气的影响举足轻重。

其次，研发的人和销售的人会经常到工厂去。由于工厂的空间比较大，生产调度会议等跨组织的会议大多都在工厂召开。对于公司来说，工厂是组织的主干，其他部门的人对于工厂的风气改善自然会很关心，如果有什么变化也会很快感知到。如果每次来工厂，制造生产线的形态都在改变，生产效率和不良品率的数字也体现出改善的效果，那么对于其他部门的冲击力就更大了。

反过来说，公司的另一特征是：如果工厂的组织一成不变，对于其他部门的负面影响也很大。公司上下的工作都会开始停滞。工厂僵化，对于来自其他部门的工作反应迟钝，就会在公司里产生连锁反应。在一个所有人都不认真工作的公司里，祸端往往就起源于工厂。

比如说，顾客有紧急的工作要拜托销售部门的负责人。销售负责人就会请工厂来完成这项紧急任务。此时，如果工厂的负责人以“请通过我的上级来下命令”为由，拒绝进行紧急处理的话，后果会怎么样呢？销售负责人会失去这个难得的商机。同样的事情发生过多次之后，销售部门就会心灰意冷，客户再有要求时，他们也会采取消极的应对态度。

“知道了，我们会马上去准备。不过我要先请示领导。你等我的消息吧。”

如果工厂的负责人能及时地处理，公司的业务就会顺利地推进。特别是 SCM（供应链管理）日益发达的今天，如果不能快速地应对客户的需求，公司就无法在竞争中取胜。一个僵化的工厂会成为 SCM 的瓶颈，阻碍快速的事务流。

即使在制造生产线上引入了单元式生产方式，如果在支持其他部门方面体现不出灵活性，也是明珠暗投。和研发部门的关系也是如此。

如果工厂是一个非常灵活的组织，那它与研发和销售的合作就会顺畅，就能提供客户喜欢的产品和服务。 而且，在工厂高速度的感化下，研发和销售的工作也会走上快车道。

总之一句话，他们在共同的劳动方式和思考方式中形成了共通的价值观。 每一个人都从“等待命令”、“等待提示”的状态中摆脱出来，头脑变得灵活，并以最大限度的效率化作为自己的目标。 这种劳动方式没有部门之分、岗位之分。而在停滞的公司组织中，从干部到生产现场，都是懒洋洋的。

管理层的意志推动结构改革

研发部门和销售部门都是靠个人单枪匹马闯天下的，很少像工厂那样，大家一起劳动。 工厂能团结一致推进改革的前提就是：他们作为一个团队来进行工作，而且组织的分工非常明确。

而如今研发部门的组织层次尤其不明显。 技术的发展日新月异，研发部门的管理者甚至无法为部下的工作提供技术方面的指导。 表面上有上下层次之分，其实是平行的。 在这样的组织中，就不能幻想着依靠上级的指示来推进改革。

此外，在销售和研发部门中，从改变工作方式到取得成果，往往要花一两年的时间。 而改善效果要想体现在数字上，又需要很长时间。 和它们比起来，工厂今天改变，明天就能看到效果，所以非常适合做公司改革的“先锋队”。

坦白地说，最先将工厂的生产改革发展为全公司的结构改革的，不是佳能电子，而是它的母公司佳能集团。佳能的御手洗社长在 1997 年前后就在所有的工厂引入了单元式生产方式。同时，他向全公司介绍了单元式生产方式的效用，并反复强调要以单元式生产方式为基础，将之发展为全公司的构造改革。在一次报社的采访中，他曾说过:“佳能有今天的成功，在很大程度上要归功于单元式生产方式。”最高管理者不仅表明了“单元式生产方式绝不仅限于工厂的生产革新”的决心，并且反复强调了它对企业的发展所起到的重要作用。

纵观日本的制造业，许多企业引入单元式生产方式都早于佳能。10 年前，某企业是单元式生产方式引入的佼佼者，我还被佳能派到那里进行学习呢。可是这些企业并没有以单元式生产方式为契机，成功地进行全公司的结构改革。非常遗憾，他们引入了一种优秀的生产方式，却只停留在了生产方式的层面上。

恐怕他们的最高管理者都没有产生“利用单元式生产方式进行结构改革”的思想吧。他们没有想到单元式生产方式会对其他部门产生影响。或者就算想到了，也找不到可以进行控制的方法。又或者，最高管理者基本不到工厂去实地考察。于是他们止步于狭义的单元式生产方式，没能将之发展为“单元式生产系统”。

御手洗社长是彻底的“现场主义者”，他走遍了佳能每一个工厂。到了现场之后，劳动方式的变化就会一目了然。作为最高管理者，他告诉员工们，只有“单元式生产系统”才能描绘组织明天的美景，并将之付诸现实。 像御手洗社长所做的这样，最高管理者的思想经过不断重复，传达给了员工，最终变为实际的行动。

经营理念的重要性

在构建单元式生产系统时，事先指出组织的前进方向是很重要的。 当然，这也是我们经营者的责任。

在佳能集团中，共通的经营理念是“与世界人类共生”和“保护自然环境”。 作为佳能电子的社长，课题之一就是如何在更高层面上，将这些看似普通的理念加以实践。

我来到佳能电子后，提出的都是具体的目标。 理念还是这些理念，不过为了改变以往的思考方式和劳动方式，我多次对目标进行修正。

（1）成为世界顶尖的高利润企业。

（2）将各个要素减少一半（TSS1/2）。

如第二章所述，我最初设定的是这两个目标。 不过，我要先说一下为什么要以高利润企业作为我的目标。

我经常在公司里说：“公司存在于社会之中。”公司的使命是：向社会提供有用的产品和服务，凭此得到利润后，最终以税金的形式返还给社会。 现在的法人近七成都亏损，无法交纳税金。很难说他们完成了企业原本的社会使命。“赢利，然后交纳税金，贡献社会”。

这对于企业来说是终极的目标和目的。为此，一定要改变全体员工的劳动方式，最大限度地使之效率化。一个处于赤字的公司是没有社会价值的，更无法感受到劳动的意义。

保护自然环境也是同样道理。向市场宣称我们是“对环境有益的企业”以博得消费者的支持，并不是我们的目的。对于企业来说，一定要让员工牢记：保护环境是社会使命。

我会对员工表明我们的目标有着很重大的意义。当人们发现自己从事的工作有意义时，才会有劳动热情。

二战中，美国有一家制造大炮的公司。公司的生产效率低且不良品多。员工还抱怨工资太少。对于一个做产品的公司来说，这已经是最糟糕的状态了。有一天，经营者向员工说明，这个产品要用在大炮的什么部位，在战争中将会发挥多大的作用。员工方才意识到自己正在做的东西对于国家来说有多重要。从此，工厂的生产效率上升，不良品率激减。对于工资的抱怨再也听不见。这是个极好的例子，说明员工在认识到工作的意义和对社会的贡献之后，劳动积极性就会提升。

在管理学上，在“霍索恩实验”中也发现了同样的结果。从 1927 年起，在美国西电公司的霍索恩工厂中，进行了一场历时三年的有关生产效率的大型实验。在实验中，改变了工厂的照明、温度、湿度、休息次数等条件，来测定作业的效率。随着作业条件的改善，效率越来越高。然后，实验负责人将各个条件恢复到实验前的水平。可作业效率并没有下降，还是维持在很高的水平。这说明作业条件并不是最重要的因素。实验得出结论：即对工作效率起重要作用的是操作者对于“我们正在参加重要实验”的意识和职场中的人际关系。这个实验为管理学中人际关系论的确立提供了线索。

这样，只要让员工强烈地意识到工作有意义、地位很重要，他们的热情就会高涨。作为管理者的我在设定简单目标的同时，也会努力地说明完成这个目标的意义所在。

要想有进步，“锦旗”不可少

将保护地球环境当做经营主题也是我的目标之一。

我们人类的生存或多或少会对环境造成负担，企业活动亦是如此。要想将对环境的冲击限制到最小，就要求公司努力消除工作中的无用功，提高效率。

我是佳能最早的环境负责董事。我当时切实感到：环境保护会为企业带来利润。当时和我一起研究环境管理的大学教授们曾讽刺我说：“酒卷比学者还要理想主义。”

我到佳能电子之后，就想证明这个想法是正确的。我要用实例证明，如果消除公司的无用功，就能达到环境保护与利润兼得的双重目标。

结果和1999年相比，现在的电费和水费节约了50%。二氧化碳的排放量也是以前的一半。减少成本和环境保护同时取得了成绩。将工厂和非生产部门的空间减少75%，并将旧址做成绿地，也来源于环境保护的思路。

"3.6秒走完5米"——这种重视速度的劳动方式说来也是为了保护环境。在重视速度的同时，我还提出以下的口号。

"抓紧！要不地球和公司都会消失。"

这看上去像有些危言耸听。可在我看来这是一句来源于环保理念的口号。从这5年的成绩来看，员工已经理解了我的想法，现在公司里几乎没有异议和抵触了。

如果命令员工"快点"或"要节省空间"，他们就不会表示出积极性，也不会有人听。出于"赚更多的钱"的利己目的，去改变员工的劳动方式，是不会有什么效果的。如果不伴随着社会使命，赢利的意义就不存在。大多数劳动者并不是只要自己发财就行的人。

多交税来贡献社会，为保护环境出力。在组织管理中，这样的"旗帜"是不可缺的。如果连最高管理者自己都不真心相信的话，理念就很难渗透到公司内部。因为谎话很快就会被看穿。人云亦云，或是说空话，都不会起作用。理念是不是出自最高管理者的信念和经历，员工们会很敏感地感觉到。

最好在强调工作价值的同时，推出新的劳动方式。一边继续着旧的劳动方式，一边寻求着意识变革，是根本不可能的。如果劳动方式不改变，宣扬“每个人都要热情地工作”就像是竹篮打水。所以务必要新瓶装新酒。

单元式生产系统具有重大的意义。单元式生产方式首先会改变工厂，同时也会改变研发部门和销售部门。继而改变非生产部门……就这样依次展开。首先在能很快体现结果的工厂下工夫，原因也正在于此。

相应的，如果不提出新的工作价值，就很难改变劳动方式。在从传送带方式到单元式生产方式的转折中，如果不展示新的工作价值，那些在传送带时代成长起来的老员工就一定会成为抵抗势力。如果没有“红旗”，他们的自我改革就会变得很困难。

个人成果和目标管理

在本节中，我将用佳能电子的几个实例，来介绍一下单元式生产方式与人事测评。由于单元式生产方式，人事测评的思考方法也发生了变化。

在传送带时代，个人成果不像现在这么一目了然。由于大家都随着传送带的节奏进行操作，即使实力有差距，也表现不出来。说得极端一点，正是传送带使生产速度存在瓶颈。即使有操作者能以比传送带快几倍的速度进行组装，在现实中也无法实现。

与之相反，在单元式方式中，每人的成绩差异明显。单人货摊式方式是差别最大的，动作快的人比慢的人能多组装2倍到3倍。 不仅是速度，负责的工序数目、不良品率等指标也有天壤之别。

和传送带时代相比，工作评判的思路也有所改变。 在佳能电子中，生产现场有了成绩，会马上体现在奖金上，并且还会影响到员工的升迁。

操作又快又准的人，往往不仅行动敏捷，心思也很细腻，连工作台也打理得干净整洁。 这种能力非常适合做生产线的管理者。 虽然这么说有点主观，但操作迅速的人往往会是一个优秀的管理者。 其关键因素是他们的自主性和好胜心都会很强。

由于能力差异明显，人才运用的效率化也成为可能。 再也不会像以前那样，不管是否适合当管理者，只要干够年头，就会自动升上管理层。

另一个让我意外的是，有些人的评判结果前后差异非常大。

在传送带方式下，那些跟不上传送带速度的操作者，不良品率很高。 这是谁都可以想象得到的。 可事实上，也有许多操作迅速的人，不良品率也居高不下。

由于他的速度比传送带快，时间过于充裕，工作反而不那么专心了。 哼哼歌曲，看看风景，开开小差……意识的放松影响到了眼前的工作，不良品就这样产生了。

有的人在传送带时代生产出的不良品率很高，可到了单元式生产方式时，就像换了一个人一样，操作非常精确。这样的例子并不少见。他在职场中得到了截然不同的评价，本人的干劲也越来越足了。许多实例证明，如果你给他的工作并不适合他，那么他原有的实力就发挥不出来。

在传送带方式下，问题的根源在于将操作快和操作慢的人放在了一起。而在单元式生产方式下，这个问题就被化解了。

同时，这里还有一个不同时代背景的因素。在20世纪50年代，希望到工厂就职的人不计其数。从中当然可以选到能力强的人才。而现在，想到工厂来就职的人非常少，大部分都是临时员工或派遣员工。而派遣员工和临时员工是无法在录用前衡量出其真实能力的。

在单元式生产方式中，流程由一人或数人完成。能力的搭配是很容易控制的，一条生产线上尽量由动作快慢一致的人组成。它的优势在于提高整体的品质，不会像传送带时代那样，有的人怎么也赶不上进度，而有的人又过于清闲。

在单元式生产方式下，员工能得到更令自己满意的评估结果。劳动热情高涨，并形成了良性的竞争。进而令整个组织变得活跃，形成了积极向上的劳动风气。

“搬次家，穷半年”的效应

在工厂中引入单元式生产方式，具有消除传送带时代留下的“灰尘”的作用。不过，单元式生产方式采用的时间长了，也会落上“灰尘”。好容易建起了简洁的制造生产线，可后任者们却不断地画蛇添足。在迷失了原本的目的之后，许多人都会有一种错觉，即工作就做“加法”。

要想让他们把多余的东西清理掉，定期地搬家是一个好方法。

日本自古以来就有古训“搬次家，穷半年”。意思是如果总搬家，家里就存不住财产。因为在搬家时，人们为了图个轻快，会拼命地把用不着的东西丢掉。不过，反过来想，搬家还有促使你清理多余物件的功效。

在英语里也有类似的谚语，例如“滚动的石头不生青苔”。这和“搬次家，穷半年”的意思差不多。除了消极的一面，它们还有“流水不腐”的积极意义。

在佳能电子工厂中，我们频繁地在搬家。如果放在传送带时代，那么大块头肯定搬不动。不过，在单元式生产方式时代，工作台和零件棚都带有脚轮，很好移动。

以前从搬家到在新“家”开工，包括准备工作在内需要4天。现在，“一天搬家制”已经成为规矩。如果是在同一事业部，星期五一个晚上就搞定了。即使是整个事业部搬家，当天夜里整理设备，第二天搬走，到下午生产线就能开动了。

由4天变为1天，这是因为搬家的准备工作得到了改善。当大家具备了“不用的东西就不要了”的姿态后，搬家再也不是一件让人头痛的事了。一切井然有序，制造生产线就像一个游牧民族一样。

不仅如此，反复搬家还能节省出大量空间。我们的基本原则是，不再添新东西，觉得不用的东西就毫不犹豫地丢掉。在我们的意识当中，节省空间等于创造利润，这对地球环境也有益。当然我们工作的地方也没有弄得一穷二白，连正常的工作都维持不下去。我们只是丢掉了多余的东西，工作空间变得宽敞了。

非生产部门也在频繁地搬家。原来的椅子没有了，只剩下带有脚轮的桌子，所以搬起家来非常方便。测量仪器等设备尽可能地减少，大家尽量共享以减少冗余。还有办公室也是如此。

“搬这么多次家，要花不少运输费吧。”

一定会有人这么担心。不过从另一方面来看，空间在减少，作业效率在提高，也节约了电费、水费。一次轻松的职场搬家，花费非常有限。不让“灰尘”存在的意识，就是搬家带来的效应。

引入单元式生产方式时要着眼于未来的自动化生产线

引入单元式生产方式要注意的一点就是，不要舍弃以往培养起来的自动化技术。

当单元式生产方式开始顺利运行后，传送带时代遗留下来的无用功就会一扫而光。这些无用功包括多余的设备和空间、无效的劳动方式，唯独不包括长年积累下来的经验。

如第一章所述，传送带方式和单元式生产方式是交替循环的。传送带方式在运行多年之后，已是“满面灰尘”，不能再创造效益了。于是无传送带方式（单元式生产方式）就应运而生了。

当单元式生产方式成为主流，制造生产线上的无用功被去除，反复锤炼之后，就打造出了简洁的生产线。不过，早期的单元式生产方式毕竟是以手工组装为中心的。

今后，传送带方式重新登场也不奇怪。和过去的传送带不同，新的传送带生产线经过“瘦身”，会高度简化。在这样的生产线上，加入新的自动化技术也成为可能。

如今，日本制造业开始在国内生产上下工夫。由于状况好转，国内需求增加，更何况在靠近消费地的地方进行生产，有诸多的优势。

今后，如果想靠国内生产得到高额利润，不仅要开发出适合国内市场的高附加值产品、高品质产品，还要出于成本的考虑，转向能将人工费用压缩到最少的无人化自动生产线。目前的生产系统已经将手工效率提高到极限，如果能用机器代替部分人工，方可算得上完美。

第三章的事例曾证明，人手的动作可以提高 3 倍甚至 4 倍。不过如果用机器人的话，速度就能提高 10 倍、20 倍。根本的改善要靠人手，而要提高速度就要用机器人。进入这一层面后，产品制作才能有飞跃。

10 年前的工厂比现在的自动化技术要高。 从自动化这个角度而言，引入单元式生产方式的确使它倒退了。 在以手工为中心的生产现场，是无法培育出自动化新技术的。 夸张一点地说，以往培育出来的自动化技术已经消失了。 至少是没有什么进步。 正因为如此，单元式生产方式在减少无用功的同时，也有必要着眼于未来，在自动化技术的保存和提高上下工夫。

在佳能电子中，从我就任之日起，一部分自动化生产线就一直在运转。 由于经过了单元式生产方式的洗礼，这些都已经是没有冗余、非常简练的生产线。

最初，部分组装工作和零件供应靠手工进行，现在这些作业都机械化了。 生产线上的剩余人员，大部分都转向生产技术方面的工作，进行自动化设备的设计和制作。 由于他们以前一直从事组装工作，所以现在的工作特别适合他们。 而工厂负责人也特别热心地对他们进行自动化方面的培训。 于是，在制造生产线得以改进的同时，员工也渐渐学会了新技能。

我在佳能总公司负责产品研发时，也以同样的思路推进着技术开发。 即一方面开发新技术，另一方面继续对老技术进行研究。 经验丰富的开发者通过自己的亲身经历，都会体会到新旧技术终究会融合的。 一旦将技术和经验全部丢弃的话，重新拾起来时就要花非常多的时间和精力。 虽然看上去像是浪费时间，实际上继承原有技术会得到丰厚的回报。

继承并发扬自动化技术一定要和引入单元式生产方式同时进行。 等到用时才想起要将原有技术复活，就为时已晚了。 单元式生产线和自动化生产线同时运行，总有一天二者会在技术上融合的。

总之，要在广泛的领域中培养技术人员。 那些以裁员为名，将熟练员工赶走的公司，在推动人才更新的同时，也失去了宝贵的经验。 了解新技术，可以应对目前的新情况，可是却无法得到由经验积累而形成的智慧。 如果永远不了解自己为什么缺乏真正的智慧，那么面对变化就只能手忙脚乱地应付。

简洁的生产线也会随着时间而蒙尘

传送带方式诞生之初，也是一个简洁的没有无用功的生产方式。 可是在接下来的年代中，无用的东西越来越多。 在景气好的时候，这些无用的东西并不明显，可是到了商品销售不出去时，这些无用的东西就会影响到利润。 那些对生产来说并不必要的装置和装饰堆满了生产线。 它们像长途汽车上那些美化车体的装饰物一样。 一眼看上去很气派很奢华，可开动之后，却增加了空气阻力，消耗了能量。

单元式生产方式取得的成果就是，在经过“美化”的生产现场中将这些多余的装饰去除掉。 也可以说，它将生产线恢复到传送带诞生之初的简单而实用的样子。只留下生产所必需的东西，其余的都去掉——只有这样的简化才有意义。

当单元式生产方式启动“清洁工作”后，生产线才可以恢复原来的样子。

改革要用身体去记忆

如果只是读几页书，听几段讲话，自发的改善行动是无法成为习惯的。记住了许多事情，但不等于付诸实践。像“世界第一运动”，虽然花费了许多时间，不过带着游戏之心去亲身体验之后，的确会有所收获。

快速行走活动也是一样。不仅要用头脑记忆，更要在潜意识中用身体去记忆。只有用身体去记忆，使之成为习惯，才能进入更高的境界。理想的状态是，不用别人来下命令，自己主动地前进。

在组织中进行改善活动时，如果有三成的人开始形成习惯，后面的扩展速度就会非常快。快得会让我们自己都吃惊，转眼就能在组织中形成风气。在此之前，就要考验经营者和管理层的耐心了。一方面要用尽各种方法，另一方面在得到成果之前要尽力坚持，这不正是管理者的工作吗?

前文介绍了单元式生产方式的基本思路和措施，而佳能电子真正初见成效就花了三年的时间，整整坐了三年的“冷板凳”。整个过程并不是一帆风顺的。不过在越过改革的瓶颈后，后面的速度就非常快了。

在形成风气之前，一定不要急躁。如果希望一年内就完成意识改善，那么不管进行多少次“填鸭式”的培训，也不会有什么效果。就算头脑记住了，身体还是无法形成习惯。组织的意识改革只靠理论知识学习是不起作用的。

而一旦成为公司的风气，就会演变为组织的传统。前辈传后辈，后辈再传给下一辈。经营者的职责就是不要让传统中断，并进一步发扬光大。和技术断层一样，如果组织的传统丢失了，寻找回来就很不容易。

最可怕的事情就是，过分地追求短期利润从而舍弃传统。立足于短期视点的经营对于组织传统的优点往往视而不见。即使这种经营在一定时期内取得了成绩，可是切断传统的弊端会马上显现出来。

扎根于传统的组织往往潜力十足，会越来越强大。漠视并丢弃传统的组织，往往很快就被淘汰。这也可以说是这个高速前进的时代的可怕之处吧。这样的公司当被后面的公司超越之后，马上就会慌了手脚，唯一的对策就是向其他公司购买所谓的“经验”。

单元式生产系统在节省公司内部无用功以及提高职场生产效率方面功效卓著。可是如果前进方向错误的话，就会给公司的明天带来巨大的灾难。日本的制造业要想生存下去，就要看管理者的见识和领导力如何了。

为了让日本保持世界领先的制造大国的地位，我期待经营者和劳动者的真诚努力都能结出成果。

附录

佳能十年腾飞

选自郎咸平《思维》

十多年的大萧条使日本企业一片狼藉。而佳能公司却一枝独秀，持续取得骄人成绩，实在是值得深入研究。其实，佳能近些年的发展也并非一帆风顺。日本经济滑坡，佳能遭受重创。不过，凭借先进的生产管理技术，佳能再次回到了世界舞台的中心。

本案例主要以佳能近十年来的腾飞为研究目的，分析佳能在新社长带领下进行的一系列业务、生产、管理、技术、人事等方面的改革。其中很多方面的问题是日本企业的通病，而新社长成功推行了日美管理相结合的方法，使佳能迅速扭转了颓势。

佳能的背景

◉佳能的起源

佳能于1937年在日本成立，从一家研制高级小型照相机和镜头的光学研究所开始，与德国品牌竞争。20世纪30年代至50年代末，称霸全球的世界名牌一直是德国的莱卡相机。直到1961年日本佳能株式会社研制出世界上第一部电子化照相机——Canonet。在随后短短三十多年的时间里，以佳能为代表的日本照相机彻底改变了德国在精密光学与相机制造领域的统治地位。佳能认为，照相机是大众化产品，是为广大消费者服务的，所以力求外观简洁，简单易操作。从这种意义上讲，佳能称得上是日本相机的开山鼻祖。

当时，几个狂热的日本青年带着推翻莱卡霸主地位的梦想，汇聚在东京麻布六本木的一角，成立了小小的“精机光学研究所”，并坚信自己完全能够实现35毫米小型照相机的国产化。其创始人御手洗毅在回忆录中有这样一段描述：“一次，朋友们聚在一起喝啤酒时谈起了未来，大家一致认为德国的精密工业造出了莱卡并获得了成功，日本的精密工业也有不少出色的东西，我们也不能甘拜下风。”他们在近似手工作坊的研究所里组装起了照相机，并将试做的第一台产品命名为“观音”（Kwanon），这就是佳能的前身。

1937年，更名后的精机光学株式会社在东京正式注册，并于两年后开始生产自有品牌（Serenar）的相机镜头，隔年他们还成功研制了日本第一个 X 光间接摄影相机，为当时日本根治结核病起到了至关重要的作用。 随着佳能羽翼的逐步丰满，他们的经营目光也开始瞄向了海外市场。

1947 年，鉴于佳能品牌在海内外市场上影响力的日益加强，他们不失时机地将企业更名为“佳能照相机株式会社”。

1954 年，佳能迈出了多元化拓展的第一步，当时日本正在筹备开播电视节目，佳能意识到电视及专用摄像机将带来一个无比巨大的市场，又能够体现其技术优势，于是毫不犹豫地开始了与 NHK（日本广播协会）技术研究所联合开发电视摄像机的工作。

1969 年，公司改称佳能公司。 在随后的四十多年里，佳能依据其技术核心范畴，陆续开发生产了录像机磁头、计算器、传真机、复印机、打印机等众多产品。

◉佳能的现状

2004 年佳能业务（见图 1）由以下几部分组成（括号中的数字为按销售额所占比例）：

• 办公影像产品（32%），包括复印机、投影机、传真机、网络打印机和多功能一体机等

• 计算机外设设备（34%），包括喷墨打印机、激光打印机和扫描仪等

• 照相机（22%），包括传统相机、数码相机、传统摄录机和数码摄录机等

• 光学产品（7%），包括相机镜头、望远镜、医疗器械以及半导体制造设备等

• 商务信息产品（3%），包括掌上信息设备等

• 其他（2%）

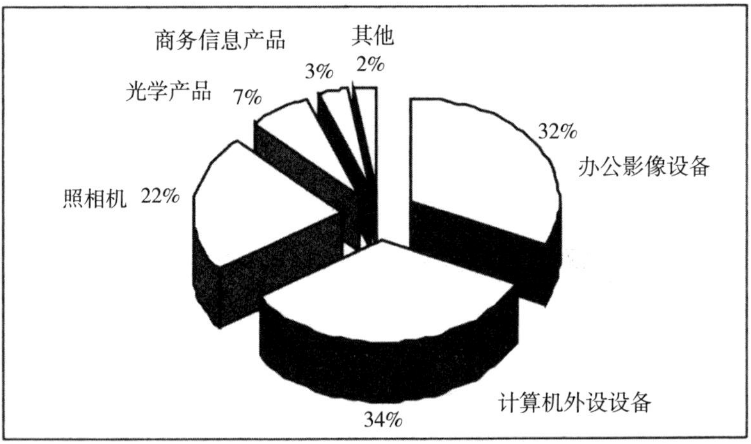

资料来源：2004 佳能年终报告

图 1 业务比例（按 2004 年销售额）

在佳能的各项业务中，数码相机、复印机在全球市场上排名第一。而激光打印机市场，如果算上佳能给惠普（HP）公司代工的部分的话也是第一。而其他业务，在半导体制造设备方面，仅次于尼康（Nikon）排名第二，但是在可以预见的将来，佳能很可能会超越尼康取得第一的宝座。

近些年来，佳能的销售额一直保持 8% 左右的增长，而其纯利润从 1999—2004 年的短短 5 年间增长高达 4 倍（见图

2），业绩可谓突飞猛进。

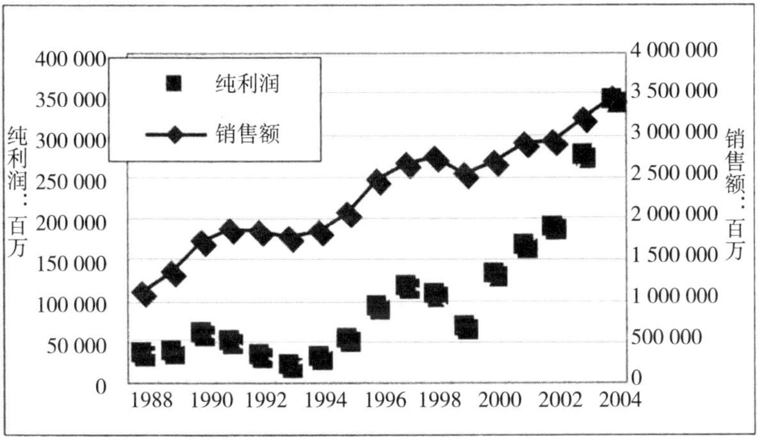

资料来源：佳能年终报告

图 2　佳能 1998—2004 年销售额和纯利润

佳能击败施乐的案例

◉施乐何许人

1938 年美国物理学士查斯特·卡尔逊发明静电复印技术。当时施乐公司独具慧眼，于 1947 年拿到卡尔逊专利权的许可证。并于 1959 年 9 月，耗时 10 余年制成世界上第一台落地式办公用 Xerox914 型全自动复印机。

施乐借助专利的保护，享受高额垄断利润近 20 年。1970 年，它占有全美复印机 95%的市场。施乐同时也成为复印机行业最大的相关服务项目的提供者和配套产品的最大分销商。

◉佳能的进入

巨人在前，佳能何以有胆踏入复印机行业呢?

原因有三:

（a）佳能当时只有单一的相机业务，而市场竞争太大，发展相当有限

（b）反观复印机市场虽然被施乐一家垄断，但是这正说明市场还未成熟，竞争对手不多

（c）由于佳能善于生产专业照相机，充分掌握复印机技术中的光学技术，令开发成本降低

迟来的佳能如何发展呢?

◉技术策略

首先，在技术方面，由于施乐掌握核心技术，并不向外界透露相关技术，佳能唯有自行开发替代技术。佳能的研究人员反复阅读施乐的专利书，发现其专利的关键地方是如何产生静电潜像。其科学原理是：带电的绝缘体利用光导电性媒介能放电形成静电潜像，潜像的电荷留存在绝缘膜层上。佳能经过 3 年的不懈钻研，于 1967—1968 年自行开发出一套独有的方法。其科学原理是：上层是绝缘层，下层是硫化镉感光体膜层，曝光和充电同时进行，由此产生静电潜像，潜

像的电荷留存在两层膜之间的接口上。佳能将其命名为NP（New Process）方法。1968年，佳能提出开发复印机计划，并且同年派遣技术人员参观施乐复印机生产工厂，而当时施乐的很多专利即将过期。最终，手握有相当专利的佳能和施乐签署了专利交换协议，顺利取得专利。1970年，佳能推出自己的首款NP型复印机。由于佳能早已掌握光学系统的关键技术，对复印机研发事半功倍，再加上其新开发的NP技术，能制造复杂的复印机系统。

◉市场策略

其次，在市场方面，施乐当时对大客户的订单应接不暇，完全忽略中小企业的市场。佳能通过走访施乐的用户，了解到施乐复印机的致命缺陷，其中主要包括：

- 复印机是大型的，价格昂贵，即使规模庞大的公司也只能买一台
- 专业人员操作，集中影印，很不方便，哪怕影印一张纸也要跑来跑去
- 保密性差，高层人员不愿将秘密文件交给专门的影印人员

并且，施乐20世纪70年代推出的几乎每一个型号都有一些令人尴尬的故事。例如型号3600-3就以经常起火而出名，其中最有名的一次是在白宫的办公室里烧起来，最后使

用泡沫灭火器才把大火扑灭。型号 4000 的中端复印机，是施乐第一台可以双面复印的机器，但其质量极不稳定，有时墨盒会从机器里面弹出来洒得整个办公室都是，卡纸问题更是频频发生。

由于施乐将广告诉求定位在“复印速度更快”上，所以更热衷于体积大的高端产品。每分钟 50—70 页的复印机是施乐盈利最大的产品。施乐曾耗时 8 年设计制造型号 9200 复印机，每分钟 120 页。1974 年施乐推出 9200 型号时，它的整个成本（包括研发在内）已经接近波音 747 客机。

针对施乐诸如此类的缺点，佳能研究的解决方案就是设计小型复印机，把造价降低到 1/10、1/20，使小企业、小公司也买得起。将复印机做成像傻瓜相机一样，简单易用，不用专人操作。便宜、简单、体积小，老板办公室可以自己有一台，解决了保密性问题。

佳能面对施乐这样强大的对手，考虑到“敌强我弱”，佳能将复印机生产出来后，施乐就会反击。施乐是复印机大王，佳能的名字还没有人听说过，施乐用不了几天就可以将新产品做出来，一脚就可以把佳能踩死，佳能没有办法营造一种环境来保护自己。

佳能深明此理，于是它开始游说夏普、东芝、美能达、理光等十来个日本厂家联合推广个人分散影印的概念。佳能同意将其专利以极低的价格与其他厂商共享，共同推进市场，同时也打消了其他厂商自主开发的念头。这样，日本厂商默认了佳能复印机的领导地位，改变了施乐制定的游戏规则。

因为日本人十分团结，佳能联合这些日本厂家与施乐对抗。仿佛一夜之间，许多日本公司纷纷向美国出口复印机。几乎每家日本公司都采用了相同的低价战略和庞大的广告攻势：“我们没有像施乐那样响亮的名字，但是，我们的机器不会死机，不会卡纸，而且便宜。”当日本的复印机以几乎低于施乐产品标准成本的价格在市场上竞相出现时，施乐感到了从未有过的恐慌，束手无策。

1970 年，施乐占有全美 95%的市场。1976 年，市场份额还保持在 50%左右。但是到了 1982 年，市场份额跌到了 13%。美国市场上相继出现了 147 种不同功能、不同类型的复印机。

1998 年佳能在美国激光复印机市场占有份额为 13.3%。1999 年，佳能再次以低于施乐 15%价格大举向欧美市场进攻，仅一年时间，佳能就在美国市场把施乐挤下老大的位置，使之失去 1/3 的市场。2004 年佳能在美国的市场份额上升到 36.6%。而佳能以复印机为代表的办公设备所占自身业务的比例，也从 1966 年的 16.5%，上升到 1995 年的 71%。

佳能出现的问题

◉背景

以低价进入市场也为佳能带来一些问题：以低价倾销的策略成功进入市场，佳能只得到销售额的增长，实际利润很少，纯利率更低于无风险利率。1995 年，佳能销售额达两万多亿日元，但纯利润只得五百多亿日元，纯利率仅占 2. 54%，而同期的美国政府债券利息率为 5. 95%（见图 3）。

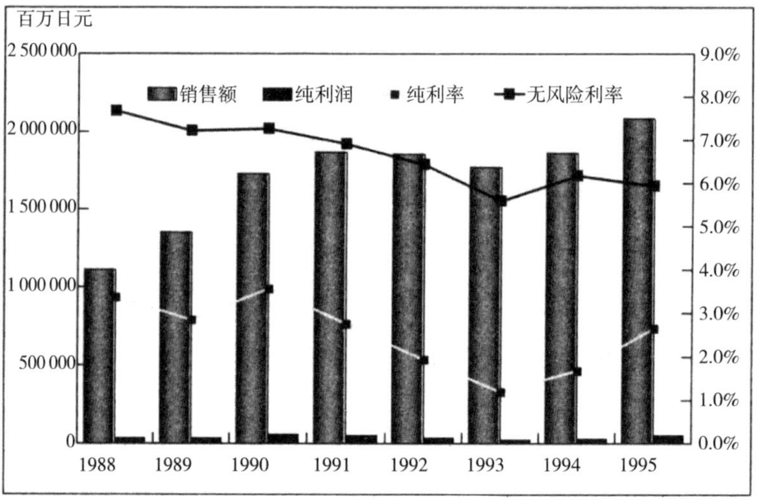

资料来源：佳能年终报告

图 3　纯利率与无风险利率比较

复印机业务的成功令佳能相信业务可以更加多元化，而忽略子业务与主业务是否具有关联性。佳能在1995年之前的业务有复印机、打印机、照相机、计算器、电动打字机、液晶显示器、光学储存卡和光学产品等。其中计算器、电动打字机、液晶显示器和光学储存卡业务都出现了亏损，拖累了佳能的整体表现。

佳能确立了研发的重要性，研发人员更加努力不懈地进行研究，但从不理会成本与效益的关联，使研发费用不断攀升，而企业的利润却没有同步上升（见图4）。

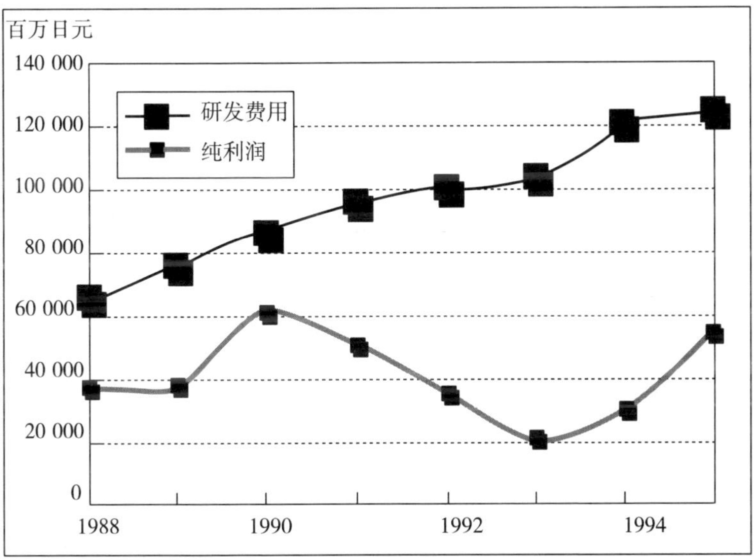

资料来源：佳能年终报告

图4　研发费用与纯利润比较

此外，佳能还存在着一些日本企业的通病，即不求利润，只重销售额；人事上采用终身雇佣制、年功序列制以及社长以和为贵、因循守旧、没有能力改革等问题。

◉不求利润，只重销售额

佳能虽然成功进入市场并得到销售额的增长，但其实际利润却很少。从1988—1995年期间，佳能的销售额一直能够持续增长，但其纯利润却出现波动（尤见于1990—1993年的大幅下滑，见图5），未能带来稳定的增长。其边际利润率也不断下降，长期低于3%（见图6）。

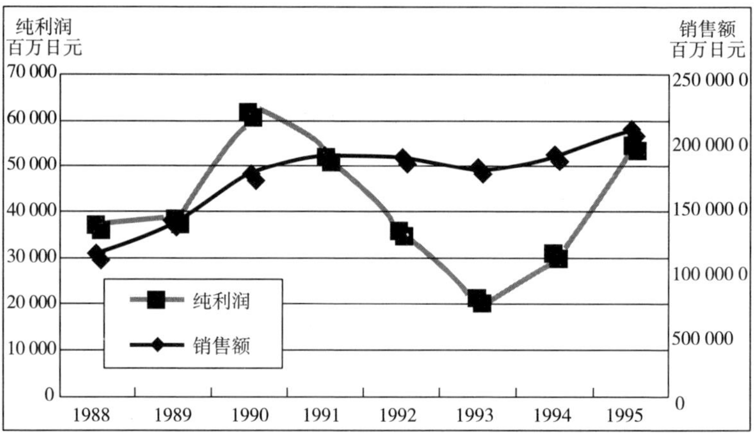

资料来源：佳能年终报告

图5　销售额与纯利润增长对比

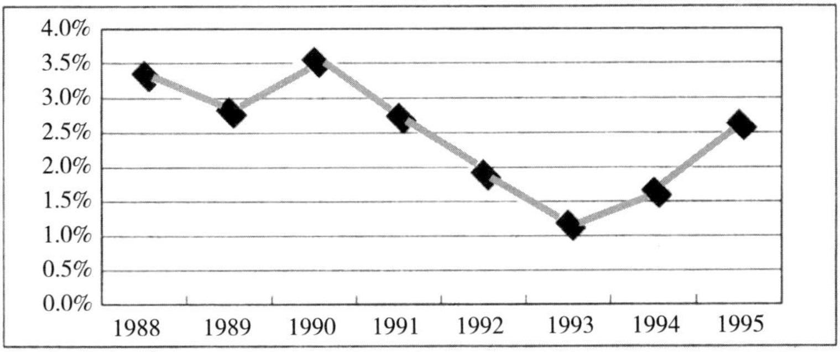

资料来源：佳能年终报告

图 6　边际利润率

◉业务分散，并出现亏损

复印机业务的成功令佳能相信业务可以更加多元化，却忽略了业务是否具有相关性和协同效应，及实际能带来的利润。盲目发展和扩充使内部资源过度分散而不能妥善运用，这拖垮了佳能整体的表现。

在 1995 年度，佳能业务包括复印机、打印机、照相机、计算器、电动打字机、液晶显示器、光卡、光学产品等。其中计算器、电动打字机、液晶显示器、光卡业务却录得亏损，使得佳能需要向外借贷。从 1992—1995 年，佳能的贷款和总资产比率高达 35%（见图 7），负债实在太高。为此，佳能还需要支付高额的利息。

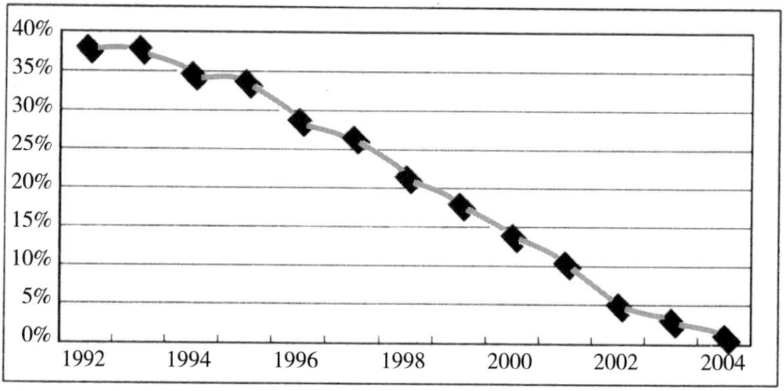

资料来源：佳能年终报告

图 7　贷款和总资产比率

◉年功序列制

以往在佳能，不管员工的表现如何，其工资都会随时间增长。职位的升迁都是按照员工资历的。在人事考核的基础上，每年的 4 月 1 日都普遍提高一次工资。人员都是“整体升级”，且只升不降。在公司任职越长久，其职位及工资也越高。因此要升任高职，就要等待。

与之配合的是一个缓慢的选拔方式（见图 8）。在一家日本企业，一般职员只要不犯非常严重的过失皆可于 6—7 年升到课长代理级别，但要升到次长级别则平均需 24 年时间。就算个别年轻员工才能出众、表现异常优越也难以破格升迁。

日本企业的职位等级（见图 9）由社员开始，然后是主任、系长、代理课长、课长、次长、部长、理事、常务、专务、副社长，到最高级的社长级别，次长约需 24 年年资，部长（相当于部门经理）任职者则平均为60岁。佳能现任社长御手洗富士夫能于59岁上任社长职位，是因为前社长去世的缘故。

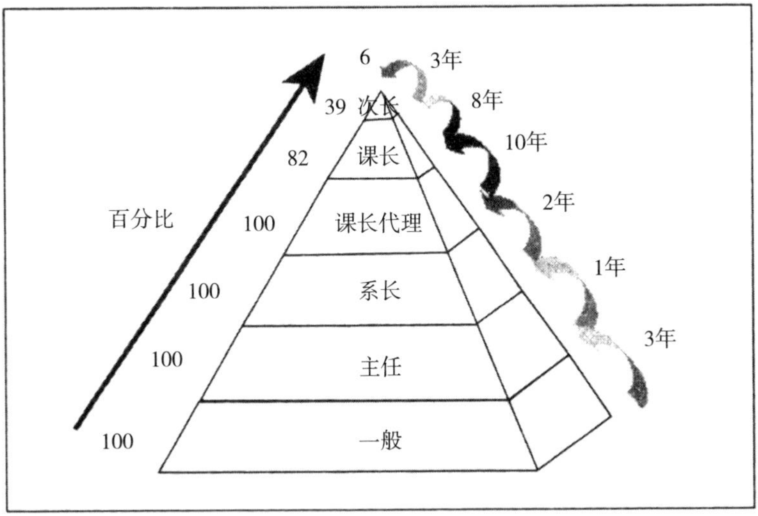

资料来源：《日本的英才教育结构与心性》东京大学出版会，1995年

图8 1966—1988年日本一金融保险公司治理变动图，起始人员为67人

而根据日本劳动省于1994年的《工资结构基本统计调查》，于1 000人以上的大企业里，20—29岁的年龄组别并持有大学以上学历者，接近100%都是一般社员身份，当上系长的开始年龄约为30—34岁，当上课长的年龄约为35—39岁，当上部长的开始年龄约为45—49岁（见图10）。年轻而位于高职位者绝无仅有。论资排辈会造成高才低薪的现象，员工之间缺乏竞争，因循旧习，懒惰怠产。

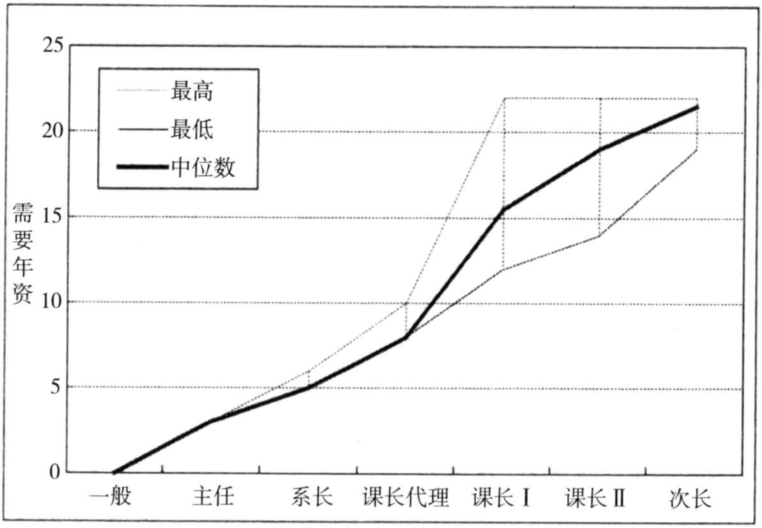

资料来源：《日本的英才教育结构与心性》东京大学出版会，1995 年

图 9　升级所需年资

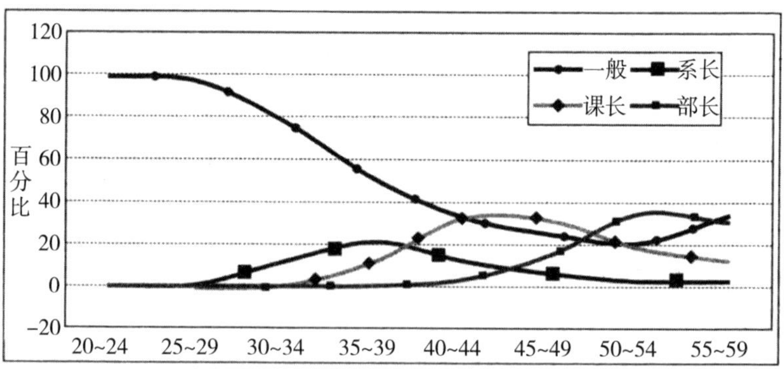

资料来源：根据日本劳动省《工资结构基本统计调查》（1994 年）整理而成

图 10　日本大企业（1000 人以上）大学以上学历不同年龄职位构成

根据日本劳动省于 1996 年的《工资结构基本统计调查》，从事制造业的员工的工资一般都是按年递升的（见图 11）。其中，40—44 岁年龄组的工资就是 20—24 岁年龄组的工资的两倍。

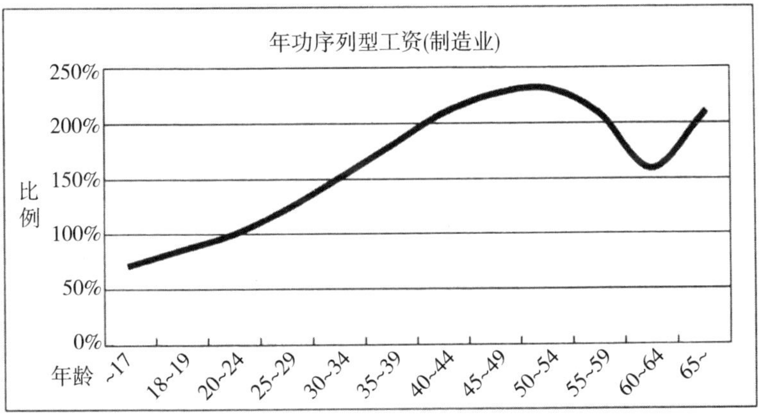

资料来源：日本劳动省《工资结构基本统计调查》（1986 年）

图 11　日本制造业工资与年龄的关系

◉终身雇佣制

佳能的每位员工都是受到终身雇用的，从 1988—2004 年，佳能员工总数持续增加（见图 12）。员工数目不断膨胀，对人力资源管理造成压力。大量的员工当中难免良莠不齐，影响整体生产力和每位员工的盈利贡献。本报告的末段将有专题分析终身雇佣制。

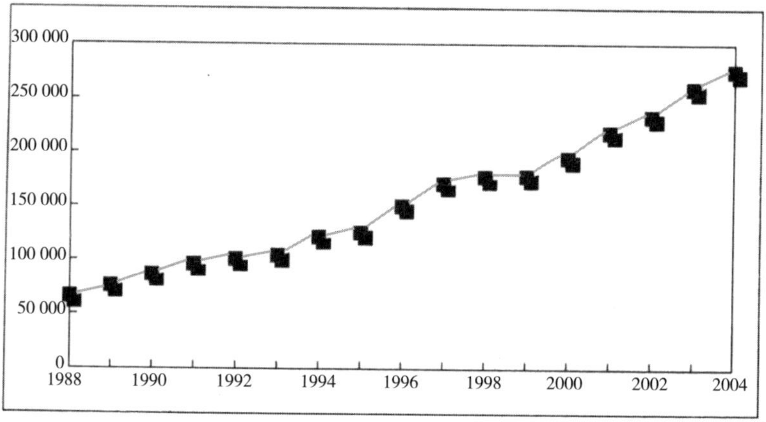

资料来源：佳能年终报告

图 12　佳能员工总数

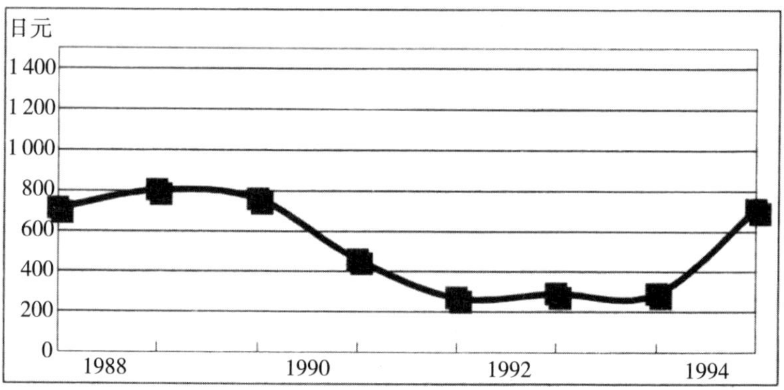

资料来源：佳能年终报告

图 13　佳能股价变化

◉以往 CEO 以和为贵，因循守旧，没有能力改革

日式的 CEO 本着以和为贵，和气生财为大前提，强调内部集团相互合作，倾向于与生意伙伴维持友好关系，即使公司利润不高，甚至亏本也不会轻易终止合作，以成就企业各方面利益的平衡及和谐。他们没有能力打破传统的枷锁，大刀阔斧去彻底推行改革。从 1988—1995 年，佳能的股价一直水平发展、停滞不前（见图 13），就是因为佳能过往的 CEO 未能革新成功使利润增长。

新社长简介

1995 年，新任社长御手洗富士夫上任，令佳能焕然一新，影响至今。

御手洗富士夫 1935 年在日本出生，是第一代社长的外甥。1961 年，他毕业于日本中央大学法政部。1966 年，他前往美国，出任佳能美国公司的法人代表。1969 年，他正式成为佳能美国公司的社长，在美国工作 23 年。美国是一个培养实业家的地方，御手洗富士夫的头脑中一方面还保留着终身雇佣制这种带有浓厚日本色彩的思想，另一方面也具备了美国式的冷静。

1989 年，他返回日本任集团副总裁。1995 年 9 月，他出任集团总裁。当时的他临危受命接替猝死的前任总裁，董事会跳过六位比他资深的人选，直接指名由他接

任，全因他的经营绩效令人折服。在美国佳能服务的23年间，御手洗富士夫把业绩从几百万美元提升到26亿美元。法学院出身的他，在美国工作期间当过会计、当过总务也管过人事，具备很好的综合能力，资深的经验和非凡的业绩让他受到董事会青睐。1997年，御手洗富士夫成为集团社长（CEO）。

上任以后，御手洗富士夫给公司带来了美国的管理理念，令佳能起死回生。他让佳能集美日企业的优点于一身。他以美式风格发狠砍掉七个不赚钱的部门，强调获利体质的重要性，也废除了日本企业固有的“定期晋升”制度，一切全凭实力；但另一方面，他也致力维护日式“终身雇佣制”，希望员工安心投入公司的长期计划，彼此互信团结。

御手洗富士夫让佳能大翻身，净利提升幅度更远远超越营收成长率。在他接手佳能之后的5年，御手洗富士夫让公司的5年平均营收提升40%，净利增长2.7倍，共计1054亿日元。其辉煌业绩一直持续到现在。过去数年，佳能的业绩每年都创下新高。

针对如前所述的佳能企业问题，御手洗富士夫构思、策划及实行了一系列改革。表1列出了各问题的对应解决办法：

表1 御手洗富士夫的解决办法

改革前的问题	解决办法
不求利润，只重销售额	利润当头，控制成本和生产流程
业务分散，且出现亏损	裁掉亏损部门
论资排辈	实施奖励制度，论功行赏
终身雇佣制、冗员太多	虽有弊端，但切合日本企业文化和环境，公司团结一致，共度顺逆最为重要，予以保留
技术过度投入，造成浪费	技术盘点
CEO以和为贵，没有能力改革	大胆起用并实行美式高效率管理

御手洗富士夫提出的方案

◉方案一：撤出与巩固——砍掉赔钱的产业（1996—1999年）

在佳能管理层中存在大量从技术部门出身的管理人员，他们大都认为只要产品好，不怕卖不出去。而且他们通常把焦点放在产品的销售额上，并不重视利润的追求。加上在20世纪70—90年代佳能的业务开始出现过度分散的情况，所涉及的业务包括个人计算机、液晶显示器等，这些业务和它本身的技术强项——光学技术并无直接关系，而且这些领域中已经有一定数量的领导者，例如个人计算机领域中的巨人IBM。所以在御手洗富士夫上任前公司一共有七个部门亏损，但因为这些部门的销售额很大，再加上日式管理人员的因循守旧，这些业务仍予以保留。

结果是尽管佳能其他的核心业务表现良好，但公司的现金仍没有办法大幅提升。在1994年虽然录得1 933 310百万日元的销售额及31 024百万日元的利润销售额，但其现金流却录得834百万日元的净流出，情况令人担心。

御手洗富士夫上任后所做的第一件事就是纠正这种畸形的情况。

（1）专注主业，裁掉亏损部门

作为一个刚掌权的首席执行官，御手洗富士夫的快速和决心与许多日本企业的典型作风大有分别。就在他1995年就任总裁和首席执行官的几个月后，他把佳能庞大的个人计算机部门大刀阔斧地砍掉，让所有的高层管理人员大吃一惊。

御手洗富士夫上任后大力提倡现金流管理，强调现在或不久的将来有正现金流的部门才可以予以保留，体现了其美国式的对利润的精明追求。个人计算机业务正是一个很好的反面例子：它在1995年销售额虽然已经达到700亿日元，但却存在200余亿日元的亏损。由此可见，在御手洗富士夫上任以后佳能重新注重盈利而不是市场份额，而且不再是为生产而生产。

从1996—1999年间，御手洗富士夫不停地裁掉亏损部门，包括在1998年退出了电动打字机和液晶显示器的业务以及在1999年从光学储存卡业务中撤出。结果是一共关闭了 7 个收不抵支的部门。虽然这些决定让佳能一共丧失了 734 亿日元的销售额，但却因此减少了大约 260 亿日元的亏损。

那么，被裁部门员工何去何从呢?

在一系列裁掉亏损部门的行动后，被裁掉的部门员工究竟何去何从? 按照一般美式的管理模式，这些多余的员工都会被裁掉，以节省工资的支出。但从美国归来的御手洗富士夫的抉择令很多美式管理人哗然。他选择了日式富人情味的方法，在尊重终身雇佣制的前提下，把这些员工策略性地调职到合适的核心业务部门继续发挥他们的所长。

御手洗富士夫曾经说过，虽然佳能的一部分员工由于产业撤退而调任，但是他们现在仍在公司中积极地工作。尤其在技术方面，产业的撤出并不代表产业技术的废弃，而是把他们注入其他主业中。其中一个很具代表性的成功的例子是从裁掉的计算机部门调到复印机部门的技术员工成功开发出多功能复印机芯片，令佳能推出了大受企业欢迎的多功能复印机 imagerunner 系列。

纵使佳能从 1995—1999 年间裁减了不少部门，但它在全球的员工数目不跌反升，由 1995 年的 72 280 人上升到 2000 年的 86 673 人，而且每位员工平均贡献利润更见增长，由 1999 年的 0.8 百万日元上升到 2000 年的 1.5 百万日元（见图 14），升幅几乎一倍。由此证明御手洗富士夫的策略为佳能带来了正面的影响。

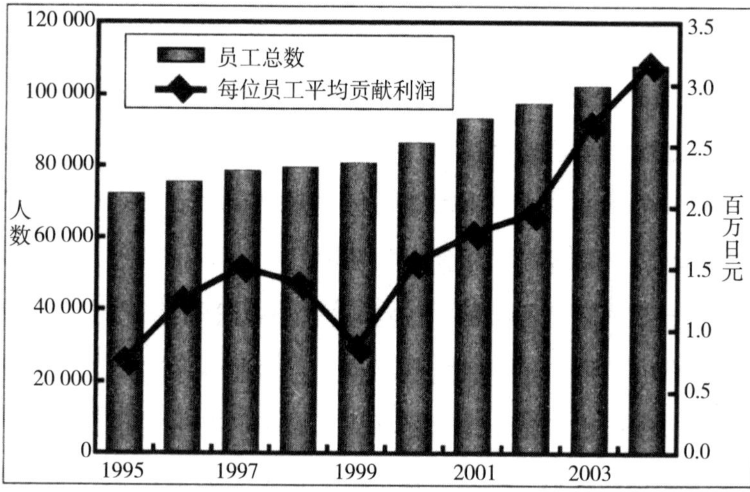

资料来源：佳能年终报告

图 14 佳能员工总数和每位员工贡献利润

（2）引入技术盘点制度

御手洗富士夫一直抱有一个经营理念，就是技术和产品的开发人员、开发投资等公司内部资源只有被彻底、合理地利用，才能避免公司现金的流失。这种经营理念对一家以技术开发为主的企业尤为重要。佳能的传统是在新技术的研究开发上坚持不懈，认定一个研究题目就会不停地继续下去，直到研究成功为止。这种传统是一把双刃剑：当佳能在单镜反光照相机领域上刚刚起步的时候，它为佳能奠定此领域的领先地位；但在佳能近年的多元化业务方向中，没有规范的坚持令佳能浪费大量人力和资源在没有前景的研究项目上，偏离了企业追求利润的宗旨。

于是，御手洗富士夫上任后不顾公司内的强烈反对，提出了“技术盘点”的方案，旨在改变研究队伍投入任何一个研发项目都不计回报的状况。

技术盘点的方向集中在技术商品化的前景，符合御手洗富士夫追逐利润的大方向。这个制度的内容大致如下：由于基础研究阶段所花费的研究时间太长，看不到商品化前景的研究项目应该立即停止。对于可能实现商品化的项目，负责研究的小组需要作一个关于研发时间的合理评估。如果研究时间是在 3 年之内，研究项目一般会得到支持。如研究时间在 3 年以上，就需要进行再评估，看看在 5 年之内可不可以实行商品化。如果不符合评估条件，无论是什么类别的研究都必须停止。这个措施有效地确保新的研发项目可以成为佳能将来的利润来源。

(3) 加固核心业务的盈利

以上两个措施的重点都是节流。要加强佳能的现金流，开源比节流更重要。于是御手洗富士夫在撤销一些给佳能的整体盈利带来负面影响的部门后，就开始研究如何加固剩下来的核心业务的盈利，而其中一项重要的方案就是如何强化办公室器材盈利。

a. 案例：办公室器材盈利的强化

办公室器材包括办公室影像产品及计算机外设设备，例如办公室复印机、喷墨打印机等，而这些都是现代办公室的必要器材。办公室器材是佳能的主要收入来源，在 1995 年其销售占总销售额的 65% 以上。但另一方面，来自惠普（HP）、爱普生（EPSON）的竞争日渐激烈，所引发的办公室器材价格战令边际利润受压，而且大部分有需要的企业已经拥有相关的器材，再加上它们的更新速度并不快，所以其市场发展空间逐渐变小。

可是办公室器材业务的真正“金蛋”并不是器材本身的销售。一家企业在购入一系列办公室器材后，很可能在数年间都不需要更换新的器材；但是在使用这些器材的过程中必须要消耗打印用墨、炭粉等耗材。换句话说，办公室器材是一只会生金蛋的母鸡，而佳能的真正“金蛋”是它相关的耗材。以惠普为例，它占全球打印机市场份额的四成，而出售打印机墨盒及相关配套产品的盈利一共占整体盈利五成，但打印机本身的销售占营业额只有两成。更现实的例子是一台小型打印机的售价在两千元左右，但其墨盒的售价可以高达五百元。所以单是耗材销售本身已经可以为佳能带来大量稳定的现金流。

办公室器材耗材市场中真正的对手并不是各大办公室器材生产商，而是市面上大量的假冒耗材。这些耗材售价低廉，但质量参差不齐，有些更含有破坏环境的元素。有鉴于此，御手洗富士夫从加强办公室器材耗材销售方面入手，推出一系列方案来加强其耗材的竞争力。其中一项是积极推广环保耗材，一方面可以强化企业的环保形象，令使用者更加接受佳能的原厂耗材；另一方面可以通过耗材回收来减少生产成本。另一个方案是耗材的生产全面自动化，以降低耗材价格。到了 2000 年，差不多 100%的佳能耗材都是利用全自动方式在工厂生产，加强了佳能耗材在价格上的竞争力。

b. 撤出与巩固策略的整体结果

在一系列撤出亏损业务、追逐利润的策略实施以后，佳能除了在 1997—1999 年因为金融风暴、大规模的价格战及日元升值等原因令现金出现负增长外，其现金流得到大幅度的改善（见图 15）。到了 2004 年底，更录得破纪录的 8 800 亿日元现金。而佳能从 1995 年至 2004 年的 10 年间净利润增长 5 倍多（见图 16），在日本的市值由第 43 位升为 2002 年的第 8 位。

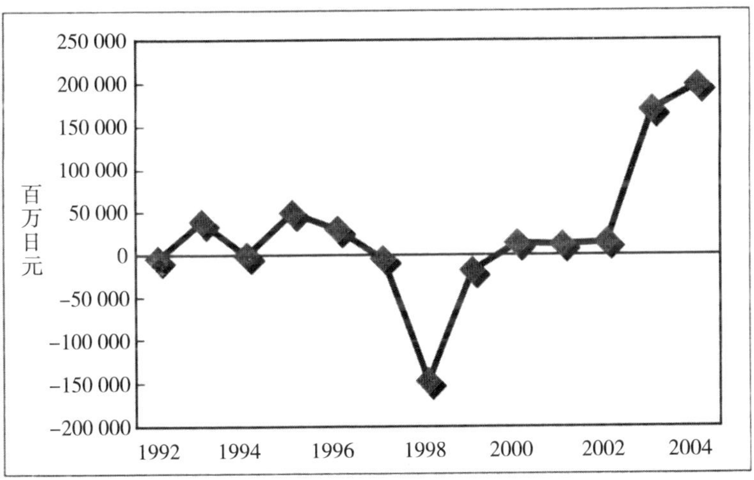

资料来源：佳能年终报告

图 15　佳能现金流一览

御手洗富士夫的果断决定及其追逐利润的价值观除了改善佳能的现金流、加强其营利能力外，更获得英国经济学家的正面评价：无法成为第一，或不能成为市场主要玩家的，佳能都宁愿不要。

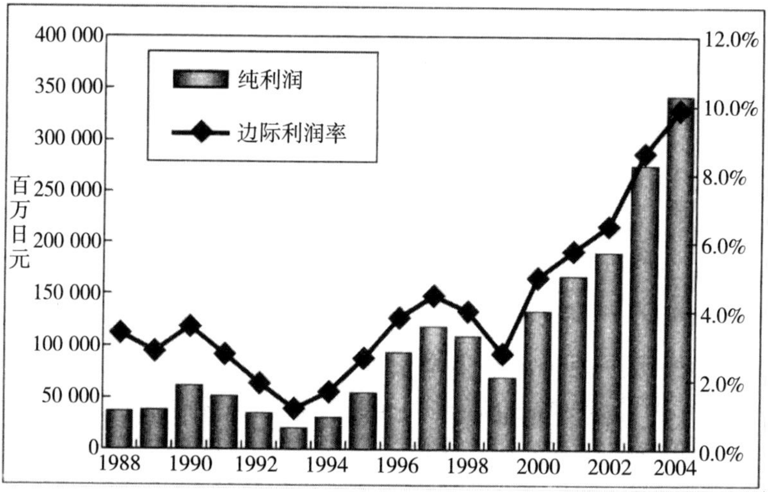

资料来源：佳能年终报告

图 16　净利润和边际利润率

◉方案二：生产线的改革

（1）改革的起因

1997 年 7 月 12 日，一批日本电子零件厂商代表参观佳能在长滨的激光打印机自动化工厂。当时，长滨工厂是世界上最大的激光打印机。令佳能没有想到的是，代表团对于佳能的自动化设备，不是啧啧赞许，反而是大为讽刺了一番。

佳能是有钱的大公司，这些长长的传送带根本就没必要。

把“无人搬运”这种无聊的东西都合理化了，像这样愚蠢的事世上再也找不到第二件了。

佳能本来是抱着“请多多指教”的心情迎接电子制造商的考察，谁知却大受打击！

就在电子零件制造厂商代表离开长滨佳能的两个月后，即1997年9月，佳能社长御手洗富士夫率队考察了大型电机制造工厂的子公司，随行的有长滨佳能的社长及其他董事。御手洗富士夫看到曾经讽刺过自己的电子零件制造工厂，早已经停止了传送带流水作业方式，取而代之的是一种新的被称作“单元式生产”（Cell Production）的方式——由几个人组成的生产小组从事全部的复杂工程，生产出完整产品。

“我完全明白了，我们也必须尽快进行生产改革，就从长滨佳能开始吧！”御手洗富士夫对长滨佳能的社长及其他董事说。

同年10月，佳能计算机接口设备事业总部成立了生产革新委员会，而长滨佳能被指定为示范性工厂。次年初，改革正式开始。

(2) 两种生产方式的起源及特点

传送带生产方式以及流水线生产方式，起源于1910年的美国汽车厂商福特（Ford）。当时正值第二次工业革命时期，电力机械装置刚刚兴起，社会上商品还很匮乏。所以福特流水线的目标就是批量生产以降低成本和满足社会需求。

基于这个目的，传送带生产方式强调机械化和无人化。它使用自动传送带、无人搬运车等设备。而工序方面，传送带生产方式将工序尽量细分，使每个工人专注于一道工序以提高效率。大家也许依稀记得查理·卓别林（Charles Chaplin）在他的《摩登时代》（*Modem Times*）对传送带生产方式的诙谐讽刺。

当时光飞转到20世纪下半叶的时候，全球经济变化可以用翻天覆地来形容。此时由于技术创新日益加速，商品和生产工艺的革新都以前所未有的速度展开。社会上的商品已经极其丰富，人们转而追求个性化和多样化的享受。即使以汽车为例，就连福特自己也不会相信有丝毫的机会可以重演原来只靠一款车（像当年的T型车）打天下的辉煌。对于生产商而言，产品的生命周期日益缩短及伴随而来的激烈价格战，使得那些规模大、投资高、回收期长的大型生产设备愈发显得不合时宜，单元式生产方式于是应运而生，其品种多、更新快的特点成为厂商生存的要素之一。

单元式生产方式起源于20世纪60年代正值经济腾飞的日本，日本厂商将其起源归于日本头号汽车厂商丰田（Toyota）。后来此法被日本电子厂商广泛采用和发展，20世纪90年代盛行于日本。

针对大型生产设备这些“死”物不能适应品种多、变化快的灵活要求，单元式生产方式采用人力化的策略，即大量使用人力而避免使用大型机械以提高反应能力，日本专家称其为“依存于人的生产方式”。而其中平台就是一张工作台，一个到四个左右的工人，以人力车取代长长的传送带和无人搬运车，每个工人熟练掌握尽可能多的工序，从而减少交接时间以提高效率。

(3) 两种生产方式的介绍（表2）

a. 传送带生产方式

传送带生产方式顾名思义是以传送带为主（见图17）。产品最初的毛坯（或最初始部件）从传送带起始端开始，随传送带的移动，依次到达每个工人，此时工人将自己该组装上去的零部件安装到产品毛坯上，然后再随传送带移动到下一个工人处，直到最后一个零件安装完成。传送带生产方式的优点是一旦设备落成，便可以大批量生产。缺点是设备庞大，成本高，必须大批量生产才能获利。比如佳能1998年所

表2 两种生产方式起源及特点的比较

	传送带生产方式	单元式生产方式
起源	20世纪10年代福特	20世纪60年代丰田
背景	工业化伊始，商品匮乏	市场需求多样化
目标	大批量、低成本	小批量、多品种
特点	机械化、无人化	人力化、少机械
设备	传送带、无人搬运车	工作台、人力推车
工序	尽量细分、没有合作	尽量整合、合作完成

有工厂的传送带加起来超过了16千米，足足长过七条青马大桥（香港的青马大桥桥身长度2.2千米，是全球最长的行车铁路双用悬索式吊桥。—编者注）。

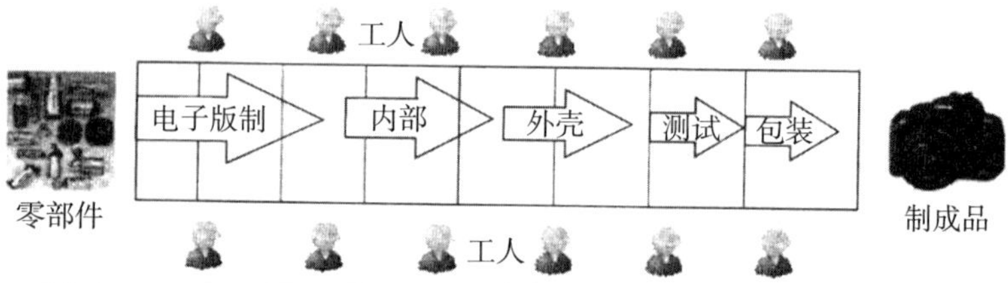

图17　传送带生产方式

b. 单元式生产方式

单元式生产方式建基于工作台上（见图18）。工作台形状不甚统一，一般简单的是方形或圆形，复杂一些的有“U”形等。

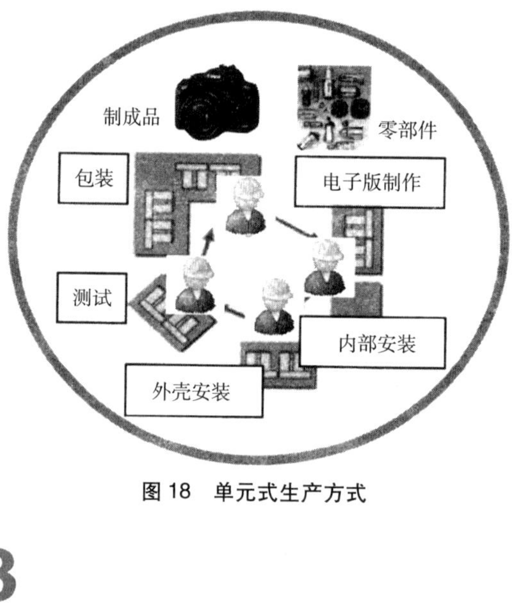

图18　单元式生产方式

工人围坐在工作台四周（或是环形工作台内部），约有 1 到 10 个。每个人独自完成所有组装工序，或者几个工人合作完成组装。单元式生产方式的优点是省去大型设备、占地少、成本低、可以进行少批量生产且易于调整产品线。

佳能日本数码相机工厂

佳能苏州多功能一体机工厂

佳能珠海数码相机工厂

一名佳能的“超级专家”独自组装、调试超过1000个零部件的单反相机

资料来源：佳能官方网页

图 19　单元式生产线实况

（4）**两种生产方式的比较**

a. 等待时间

原有传送带生产方式中的工人经常有等待的时候。等待

就是闲着没事，等着下一个动作的来临，这种浪费是毋庸置疑的。造成等待的原因通常有：作业不平衡、作业安排不当、停工待料、质量不良等。以外壳安装区等待镜头安装区为例，由于安排在镜头安装区的工人数量不足，不能按要求及时输出指定的半制成品到外壳安装区，而外壳安装区中的工人又太专门化，并不懂镜头安装区中的工作，导致外壳安装区中的工人经常等待。最后有可能无法按期交货，而当半制成品送到其他安装区后，又需要抢进度，可能会出现加班、质量问题等。整条生产线的速度差不多等于最慢工人的速度。另外一种就是"监视机器"的浪费，有些工厂买了一些速度快、价格高的自动化机器，为了使其能正常运转或其他原因，例如：排除小故障、补充材料等等，通常还会另外安排人员站在旁边监视。所以，虽然是自动设备，但仍需人员在旁照顾，这是被称为"闲视"的浪费。例如在产品检测过程中，调试人员站在产品旁边等待，这种情况全部都出现在原有传送带生产方式的生产过程中。

除了在直接生产过程中有等待外，其他管理工作中亦有"等待"这种浪费时间的事情发生。当制造部在生产新产品过程中发生问题时，技术部和质量保证部经常花费长时间解决问题并且需要现场人员长时间等待，这也是一种浪费。

在新的单元式生产方式中，这种浪费得到大大的改善。由于每位工人不是固定在一个位置上简单地重复安装或插装某些零部件，而是在同一位置上组装一件完整的产品。在这样的生产方式中，工人可以根据组装需要及自己在组装中得到的体会和经验，选择、调整和改进组装操作过程，代替了在一个移动传送带上只是机械被动地安装不同零部件的方法。一件完成的产品不是通过所有工人的配合来完成，而是由几个工人（小团队和小单元）工作甚至可以从一个工人手中产生，专门化和专业化被综合化和整体化代替。即使当一个小单元中的工人因身体不适，状态欠佳，工作做得很慢，整体生产速度也不会被大大拖累。由于身体不适的工人掌握的工序，单元中其他的工人也懂得去做，减少了因作业不平衡、作业安排不当、停工待料所导致的等待，整体生产效率从而得到保证。

b. 搬运

原有传送带生产方式中的另一种浪费就是搬运。大部分人都会认为搬运是一种无效的动作，也有人会认为搬运是必需的工作，因为没有搬运，如何做下一个工作？很多人都有这种想法。正因为如此，大多数人默认它的存在，而不设法消除它。有些人想到用传送带的方式来克服，这种方式仅能称之为花大钱减少体力的消耗，但搬运本身的浪费并没有消除，反而被隐藏了起来。

由于传送带体积大，占用的空间十分多，加上传送带生产方式着重大批量生产。因此各个工厂，货仓所需要的地方很多，不能集中于一个地点。原材料和零部件需要由原材料和零部件货仓经运输车送到传送带生产线安装工厂，完成的产品又需要运输车送到包装工厂，包装后再要经运输车送到货仓，之后才送到消费者的手里。在过程中，运输占用了很多的时间和成本。

有研究人员指出传送带生产方式中，工人在实际作业时间减少的同时，总工时却在增加，经仔细分析后发现，是两个工厂间的运输工时居高不下，特别是由原材料和零部件货仓向传送带生产线安装工厂搬运原材料的工时占大多数。

新的单元式生产方式中怎样改善这个问题？在新的单元式生产方式中，由于着重小批量生产，原材料和零部件货仓以及完成品货仓需要贮存的物品大幅减少。而且淘汰了大型的传送带，腾出大量的空间。这样，原来的四个货仓，工厂便可以合并成一个，原材料和零部件货仓由原来在别处变成在生产线旁，从而减少搬运。在不可能完全消除搬运的情况下，重新调整生产布局，尽量减少搬运的距离。

c. 应变能力

传送带生产方式另外一个大问题就是应变能力差。一条生产线由生产一个型号转到另一个新的型号时，往往需要很多时间去重新分配工作及将只懂专门工序的工人训练做另外一个工序。纵然市场部的员工有着敏锐的市场触觉，预先了解消费者的需求，但因生产方式不能配合快速的切换，而减少了市场领先的优势。

单元式生产方式正是迎合了市场不断的变化。由于每位工人都懂得组装一件完整产品的5—10道工序，一个单元在从生产一个型号转到另一个新型号时，不需涉及大量训练，使生产线能快速切换生产新的产品。

除此之外，应变能力弱和大批量生产会导致大量原材料、零部件及完成品的库存。

“库存是万恶之源。”单元式生产方式中几乎所有的改善行动都会直接或间接地和消除库存有关。当库存增加时，用于生产经营活动的资金会大量牵制于库存上，不仅造成资金总额增大，还会增加利息和库房的管理费用。而这些常常是隐含在公司的管理费用中，只有专门列出，才能发现存在问题的严重性。另外，当库存增加时，库存量会大于使用量，甚至会造成长期的积压，特别是当产品换型时，这种问题可能会显得更加严重。在产品换型过程中，就因为原来库存过多而造成大量物资积压，而且为盘活这些积压物资，又需要进行额外的投入。此外由于放置的时间较长，原来贪图便宜批量买进的物资，现在六折也许就可能买到一个新型号，从而造成实际价值降低，成本升高，利润减少。当想想库存中的积压物资，当初是以什么价格购入，而目前的价格是多少，就会明白了。

d. 不良品

产品制造过程中，任何的不良品产生，都会造成材料、机器、人工等的浪费。任何修补都是额外的成本支出。原有传送带生产方式由于工作分工太细，大批量生产，往往需要大量时间发现不良品。单元式生产方式，由于以单元生产，很容易生产一个试版，另外每个人都对完成品有整体的理解，能及早发掘不良品，容易确定不良的来源，从而减少不良品的产生。而当发现有不良品时，能及早提醒其他单元，快速切换生产其他产品。

单元式生产方式的思想之一就是要用一切办法来消除、减少一切非增值活动，例如检验、搬运和等待等造成的浪费，具体方法就是推行“零返修率”，必须做一个零件，在生产的源头就杜绝不合格零部件、原材料流入生产后道工序，追求零不良品率。

(5) 单元式生产方式的效果

自从佳能 1998 年引入单元式生产方式以后，生产效率大大提高。劳动生产率提高了约 50%。佳能在中国大连的工厂在引入单元式生产方式以后，一年内生产效率提升 3.7 倍。

为了配合单元式生产方式，佳能开始自行生产设备和工具。而其自行生产的设备成本大大低于原来购进的设备。例如，检查产品印字精度的检测设备原来需要花费 600 万日元，但佳能自己开发的一种小型设备只需 50 万日元。

零件运送方面，放弃了那些装有发动机的大型设备，而采用那些手推车。大型自动仓库也废除了，现在只在单元式生产线旁边放置少量零部件。拆除了超过 16 千米的传送带，同时每年节省的空间约为 10 000 平方米以及由此减少排放二氧化碳 41 650 吨。

在改革过程中，生产线上所需的工作人员不断减少。佳能长滨工厂每年都有大批人员被调到别的部门。这个数目 1998 年为 212 人，1999 年为 280 人，到 2000 年上升到 720 人。

这些变化对长滨的影响是，虽然长滨佳能的销售额从 1998 年的 1 300 亿日元减少到 1999 年的 1 020 亿日元（因为第一年改革遇到来自工人的阻力），但是税后利润却上升了两倍。

引入单元式生产方式之后，佳能为组装零件的存货也大幅下降。1999 年库存比 1998 年下降约 20%（见图 20）。

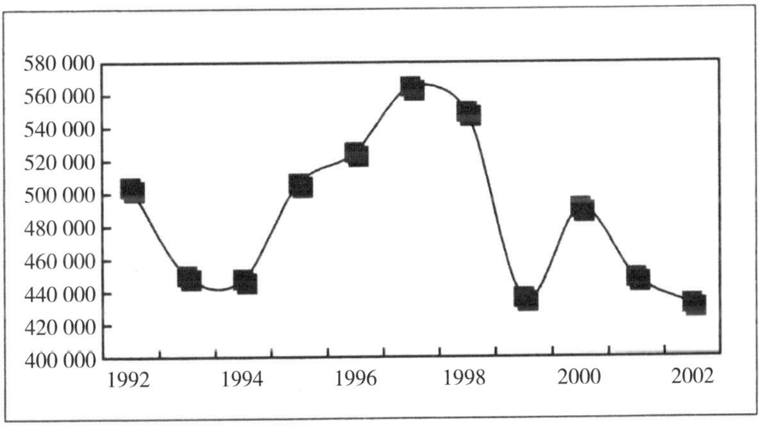

资料来源：佳能年终报告

图 20　佳能库存金额

我们将引入前（1983 年）和引入后（1999 年）的数据加以比较，一年可生产单位由 32. 8 万上升到 200 万，而产品完成时间由 30 天降为 8 天，产品流通由 24 天降为 9 天。

引入单元式生产方式后，公司的边际利润率由 1999 年的约 2%提高至 2004 年的约 10%，升幅 5 倍多。同时，公司每位员工贡献利润（税后利润）在 1999—2000 年的单年升幅约 80%，2004 年更是 1999 年的 4 倍多（见图 21）。

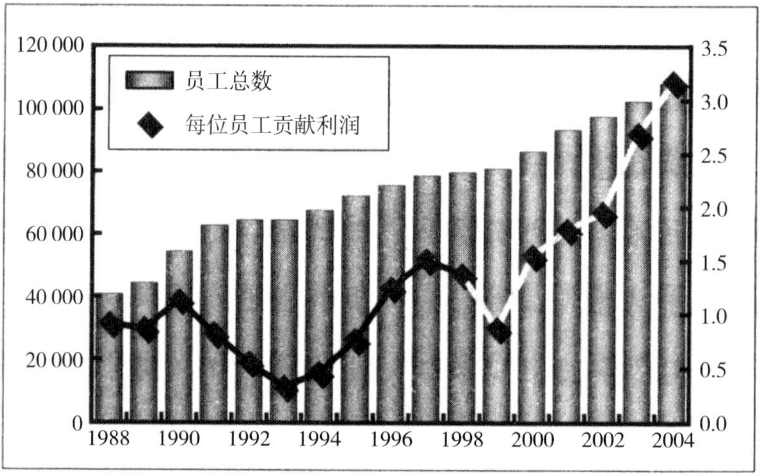

资料来源：佳能年终报告

图 21　1988—2004 年员工总数及每位员工贡献利润

◉方案三：技术和产品的全面整合

佳能在成功重组公司架构后，主要业务部门（办公影像设备，计算机外设器材，光学产品和照相机）得到进一步的协调。令佳能产品在技术上更容易得到整合（见图 22）。佳能各类产品在技术上很相近，因此提供了一个技术共享的良好平台。佳能将 30%的研发费用用于研究通用性的技术，可同时为公司多个产品使用，这样做最大的好处是一项技术的改进可以推进多个产品的更新。

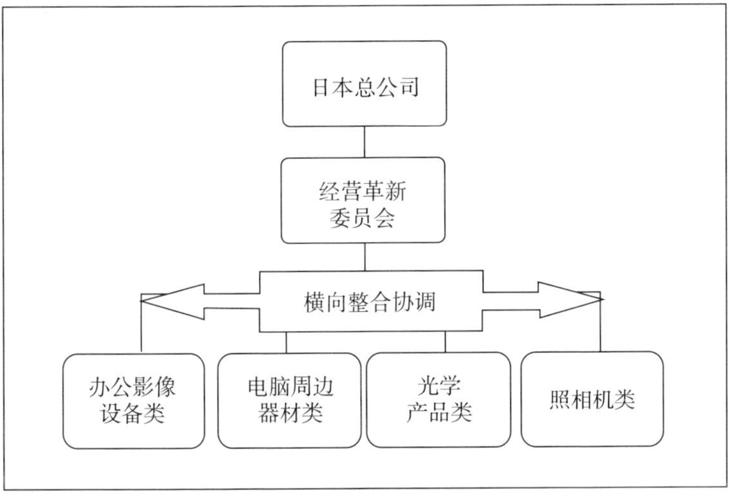

图 22　佳能公司业务结构

（1）感光器的共享

感光器可同时被复印机、扫描仪和照相机共享，只要把感光器技术更新，这三样业务都能推出新型号的产品。令佳能在技术上做到横向整合，大大节省了开发新产品的成本。

（2）产品整合

佳能是少数在数码照相机和打印机技术都十分卓越的公司。当时没有人曾想过把这两项业务结合一起。或者说，除了佳能以外，再找不到一家公司有实力去把两者结合在一起。

佳能凭其在数码照相机和打印机上的领先技术，于 2003 年 1 月推出数码相机直驳打印机功能（Direct-printing ®），将数码照相机摄取的相片直接在便携式打印机进行相片打印，省却了计算机上传过程和真正实现了高品质相片即照即印。当时只有佳能推出了这项新产品，为方便省时做出了全新的定义。

另外，佳能利用这项功能对数码照相机和打印机进行捆绑式销售（Bundle Sales），令平稳的打印机业务再次出现增长（见图 23），而数码照相机业务也成功击败其他竞争对手（见图 24）而得以继续增长。

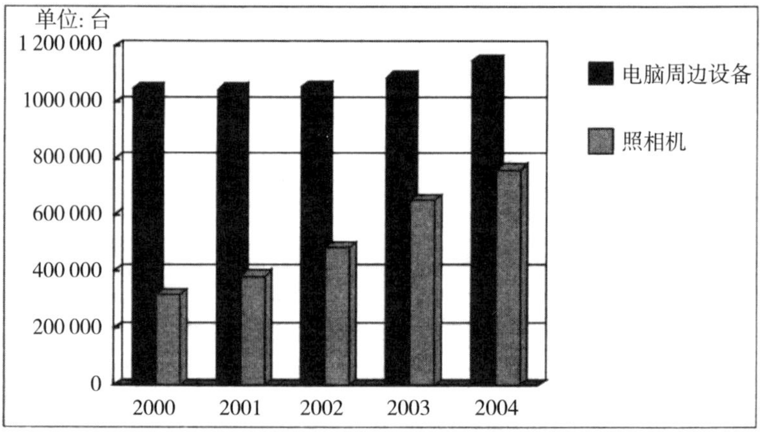

资料来源：佳能年终报告

图 23 佳能产品销售情况一览

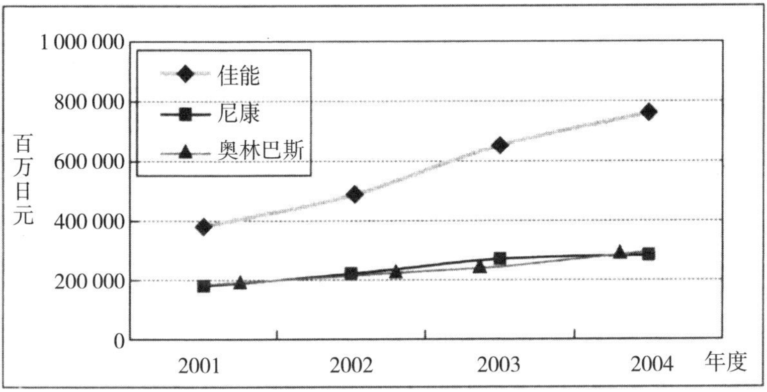

资料来源：佳能、尼康、奥林巴斯年终报告

图 24　数码相机销售额

近年数码相机直驳打印机的技术已发展到可以在不同厂商的产品中共同使用（通过 Pictbridge 技术），以往不懂计算机或没有计算机的人都可轻易打印照片了，佳能就是这样活用技术去创造一个更大的消费市场。

(3) 整合结果——市账率的比较

佳能通过以上产品的整合，令整体销售额不断再创新高。 我们可以通过佳能的市账率与其他同类公司的比较，看出佳能是否具有整合效应（Synergy Effect）。

①商业机器产品类别	市账率
• HP 惠普	2.17
• Xerox 施乐	2.06
• Ricoh 理光	1.51

行业平均	1. 91
②数码相机产品类别	市账率
• Sony 索尼	1. 4
• Panasonic 松下	1. 19
• NEC	1.43
行业平均	1. 34
③相机产品类别	市账率
• Nikon 尼康	2. 76
• Kodak 柯达	2. 26
• Fuji 富士通	1.02
行业平均	2. 01

按照以上所有行业的市账率①，根据佳能的销售额比重加权算得的平均市账率小于 2. 0，但是佳能的市账率为 2. 3，可见关键技术为佳能带来的协同效应。

◉方案四：开拓高端产品市场

（1）技术创造财富

为改变佳能只重销售额而忽视利润的问题，及避免无休止的研发造成资源浪费，御手洗富士夫提出技术制造财富的口号，引领着佳能的技术团队更有效地开发更尖端的技术，

① 资料来源：路透社

在推行高端产品市场的营销策略上无往不利，令技术团队变成一支创造高盈利的团队。

(2) **光学技术起家**

首先，以照相机起家的佳能公司以独特的影像技术为核心，集成了最先进的精密机械技术、光学技术和微电子技术，构成了图像化技术的先驱，同时倚重坚持不懈的研发把业务领域从原来单一的照相机业务，延伸到复印机、打印机、传真机等新行业，取得了多元化经营的巨大成功。尽管技术领域的不懈研发为业务上带来突破与成功，过分执著却会令研发变成漫无目的的消耗战，这正是御手洗富士夫所面对的问题。

(3) **技研及利润并重**

对于以技术人员出身为主的佳能公司管理层，御手洗富士夫不得不想出一个既保留技术先驱者又能提升公司利润的两全之策。2003 年技术人员占总公司全体员工（94 303 人）的比例为 30%，这为它的新产品多元化发展继续提供了实力雄厚的技术平台。另一方面，管理层（2 000 人）里有 80%的技术人员作为中流砥柱，加上 1996—2003 年研发占销售比率由 6. 1%上升至 8. 1%的数字（见图 25）可以明显看出研发继续受到高度重视，虽然 2004 年的数字稍有回落，但是御手洗富士夫的目标是在 2005 年投放 10%或以上的研发比率，这明显反映出他的研发策略——“我们身处这样一个时代，即使生产同样的产品，也需要永不停歇地技术更新。”值得留意的是，在2000—2004年的研发占销售比率从7.2%上升不足一成至7.9%，但是公司的营运利润从2 832 125百万日元上升近3成至3 587 021百万日元，数字大幅的改善证明御手洗富士夫既实践了技术革新之理念，又成功以利润为先的管理方式将技术资源集中并制造更多的财富。

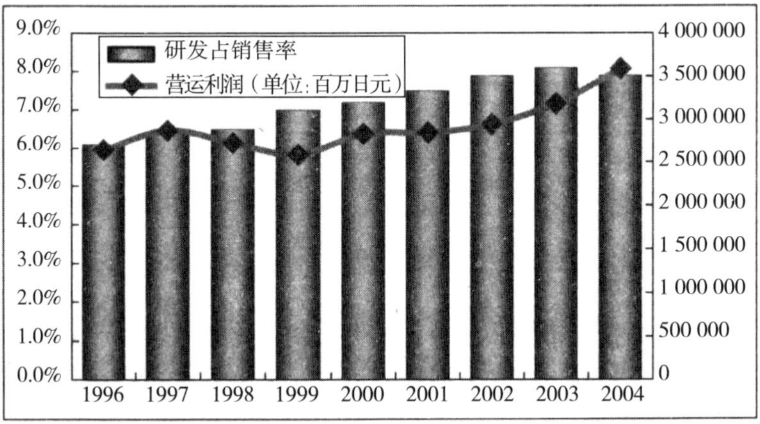

资料来源：佳能年终报告

图25 研发投入比率和营运利润

（4）**掌握产品生命周期**

利润为先的管理方式主要体现于佳能的产品开发及营销策略。

产品在市场上的销售情况和获利能力是随着时间的推移而变化的，这种变化经历了产品的面世、成长、成熟和衰退的过程，所以称之为产品生命周期（见图26）。以下是产品生命周期的各个阶段：

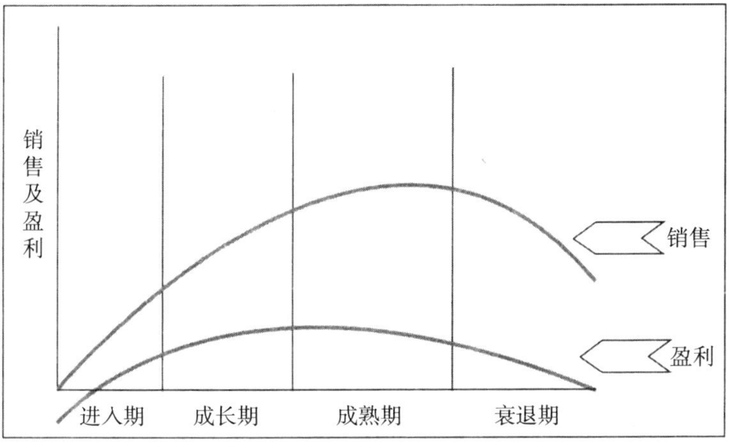

图 26　生命周期示意图

a. 第一阶段：引入期

新产品投入市场，便进入了引入期。此时顾客对产品还不了解，除了少数追求新奇的顾客外，几乎没有人实际购买该产品。在此阶段产品生产批量小，制造成本高，产品销售价格偏高，销售量极为有限，企业通常不能获利。

b. 第二阶段：成长期

当新产品销售取得成功之后，便进入了成长期。这是需求增长阶段，需求量和销售额迅速上升，生产成本大幅度下降，利润迅速增长。

c. 第三阶段：成熟期

经过成长期之后，随着购买产品的人数增多，市场需求趋于饱和，产品便进入了成熟期阶段。此时，销售增长速度缓慢直至转而下降，由于竞争的加剧，导致利润下降。

d. 第四阶段：衰退期

随着科技的发展、新产品和替代品的出现以及消费习惯的改变等原因，产品的销售量和利润持续下降，产品从而进入了衰退期。产品的需求量和销售量迅速下降，同时市场上出现替代品和新产品，使顾客的消费习惯发生改变。此时成本较高的企业就会由于无利可图而陆续停止生产，该类产品的生命周期也就陆续结束，以至于最后完全撤出市场。

御手洗富士夫了解到成长期就是决定产品能否获利的关键时刻，所以决定在推出新产品的时候已经要做到技术超前，不能被对手轻易模仿自己研发的成果，这样才能“确保产品在成长期既捷足先登又稳占市场第一”的营销策略可以为公司的盈利增长带来事半功倍的效果。

(5) 产品研发的技术切入点

要成功开发超新的尖端产品以吸引用户，技术上必须具备独特的优势，数码单镜反光机的影像感应器即为判别相机质量优劣的关键零件。市面上有两种感应器 CCD 及 CMOS 广为厂商所采用，而性能规格（解像度、耗电量、体积方面）尤以后者突出。

尽管其他厂商早已尝试开发 CMOS 并将其商品化，但性能始终偏低，在噪点问题（即信号干扰）上不敌 CCD，令画质不尽如人意。简单比较同一体积的感应器（表 3），其质量

高下立见:

表3　CCD 与一般 CMOS 比较

	CCD	CMOS
解像度	中等	高
耗电量随解像度上升	快	慢
体积随解像度上升	快	慢
噪点	小	大

噪点（即信号干扰）问题就是佳能改良 CMOS 的切入点。佳能凭着领先的传统光学技术，致力研究 CMOS 噪点。 2000 年，它突破同行技术，弥补了其他制造商的技术漏洞，推出全新的 CMOS，其耗电量仅为同像素的 CCD 的 1/5，画质也随着干扰问题的改善而超越同行。 改良好的 CMOS 旋即被应用于战略商品——数码单镜反光机，此时的佳能除了关心确立自己品牌的 CMOS 感应器之余，亦考虑到长远与同行的竞争问题，于是将此技术列入专利，令同行不能抄袭。

(6) 凭借创新技术，开拓高端产品

自 1995—1999 年，佳能主要影印业务进入成熟期，传统光学相机业务又踌躇不前，影响合并盈利不升反降。

御手洗富士夫为捕捉新产品生命周期在成长期的盈利增长，明确指出改良数码单镜反光机的 CMOS 感应器为技术团队的开发方针。 凭着他们不懈的努力及累积多年的传统光学技术，2000 年即研发出革新的 CMOS 感应器并应用于数码单镜反光机。自推出产品至今，整个相机业务的营运利润由2000年的32 393百万日元直线上升四倍至2004年的130 798百万日元（见图27），明显通过攻占高利润市场而带动了销售额及利润同时增长，补足其他产品线的增长放缓，为整体业务带来产品生命周期互补，令合并盈利稳定增长，这是同行所望尘莫及的。

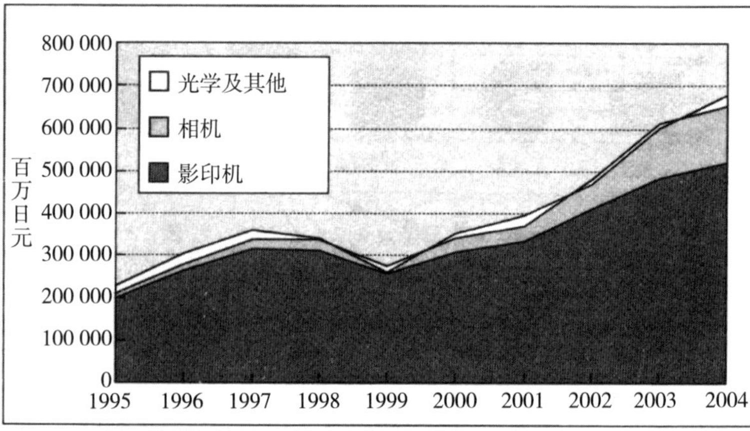

资料来源：佳能年终报告

图27　佳能合并盈利情况

(7) 数码单镜反光相机市场概况

环视整体相机市场，虽然全球入门级数码相机的销量不断上升，但由于激烈竞争带来的价格下降与研发费用高速增加，入门级数码相机的利润急剧下降。正因如此，在销量和销售额增加的情况下，相机市场的对手如柯尼卡美能达、奥林巴斯、富士通的影像部门在 2004 年度都有不同程度的亏损。以尼康为例，营运收入由 2001 年的 61 422 百万日元骤降至 2004 年的 3 674 百万日元。佳能全靠千禧年的战略商品数码单镜反光机而连续两年录得销售及盈利双重增长。佳能相机销售由 1999 年 273 120 百万日元上升至 2004 年 763 079 百万日元，盈利同时超速增长 6 倍以上，其相机业绩表现自然是一枝独秀（见图 28）。

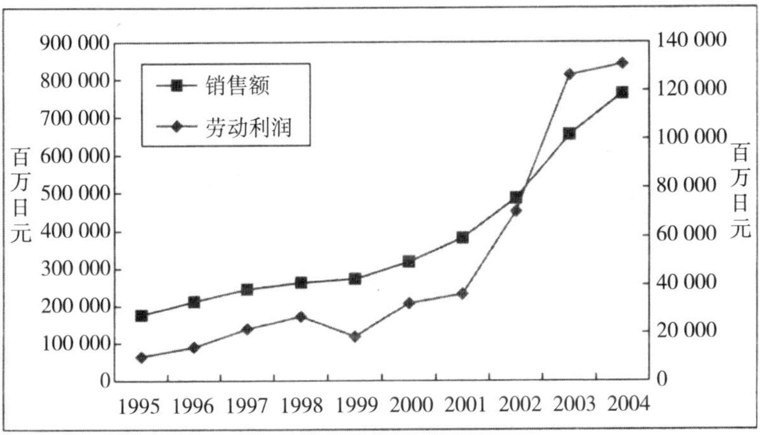

资料来源：佳能年终报告

图 28　1995—2004 相机业务概况

后来者索尼公司在数码单镜反光机领域较落后，其实力显然不足，因此别无它选要与柯尼卡美能达合作，以弥补其之前的空白期。柯达则在 2004 年第三季度售出 6 万部数码单反相机，才刚刚开始实现盈利。

在数码单镜反光机市场中，佳能无论在相机款式、数目、销量及盈利方面都领先同行，稳占市场第一。2004 年，佳能的单反产品出货量达 144 万台，占整个市场的 57.6%，这得益于其在单反领域的优异表现，佳能于 2005 年上半年以 23.6%的市场占有率，超越了索尼，占据了全球数码相机销量第一名的位置。佳能的市场份额正远远甩开其他对手（见图 29）。

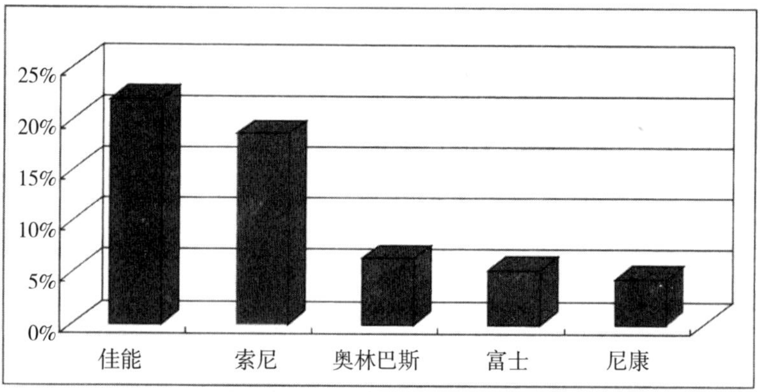

资料来源：IDC

图 29　2005 年上半年全球相机市场占有率

利润高于技术的论调初期曾为技术主导的管理层带来不安与反感，但是御手洗富士夫带领技术队伍坚持不懈地开发全新产品，利用技术的优势，捕捉数码单镜反光相机等高端市场的成长期，创造节节攀升的营运利润增长，以行动证明此论调并不抵触技术人员的利益与尊严，只是把技术资源分散的弊病转化为集中资源开发产品的有利条件，既继承了日本佳能注重自主研发的传统，又注入美式经营——利润高于技术的元素。因此御手洗富士夫上任的后期，不难察觉到管理层已经接纳了以利润体现公司整体价值的营运方针。

◉方案五：原型最小化——三维计算机辅助设计（2000 年至今）

早在 20 世纪 70 年代已经有企业利用三维计算机辅助设计（3D-CAD）去设计工业产品。 它的主要优点是使产品的三维效果一目了然，而且令产品的曲面设计变得更加简单。 随着相关技术的提升，计算机辅助设计可以应用在“真实仿真”的领域上，例如仿真不同的撞击力对产品的影响。 御手洗富士夫早在 90 年代已大力提倡在佳能全面实行三维计算机辅助设计。 到了 2000 年身为首席执行官的御手洗富士夫正式提出原型最小化策略。

(1) 原型最小化策略

在新产品的开发过程中一般都会利用“原型”（Phototype）去验证产品设计中的一些假设，例如零部件与零部件之间的组合是否顺利。 如果原型的实验成功，工厂就可以根据原型去进行生产；一旦实验失败，开发人员就需要重新设计产品。

和其他利用实物原型的企业一样，佳能在产品研发设计过程中都会遇到以下困难：生产实物原型不但耗费时间，而且它的测试过程复杂，再加上如果测试失败多少次，就需要制作同样数量的实物原型。 这种产品研发模式令研发成本较难控制。

原型最小化策略的主要内容就是在计算机中全面进行原

型的设计及仿真测试。 由于是利用虚拟原型的关系，所以每次“制造”新的原型基本上并不需要额外的成本。 再加上虚拟原型测试简单，成本相对很低。 以虚拟原型去取代实物原型，可以令研发成本容易控制。

（2）**原型最小化成果**

到了 2002 年，所有佳能新产品的研发过程都是利用三维计算机辅助设计。 虚拟原型可以快速、直接地交给生产工厂，降低了运送的成本。 更重要的是，在产品研发的过程中生产线已经可以作出相应的更改，以配合新产品的生产。表 4简单列出了一些引入三维计算机辅助设计后的成果。

表 4　三维计算机辅助设计带来的改善

	引入前（ 1998 年 ）	引入后（ 2002 年 ）
设计错误引致的浪费	350 亿日元	150 亿日元
原型制作的次数	—	减少 1/3—1/2
产品开发的时间	18 个月	12 个月

三维计算机辅助设计于 2002 年全面落实后，佳能渐渐加强了对研发成本的控制，研发开支占总营运开支的比率在 2004 年首次录得下跌（ 见图 30 ）。 而且在单元式生产改革的配合下，每年推出照相机的款数更在 2004 年超越主要的照相机生产商索尼（ 见图 31 ）。

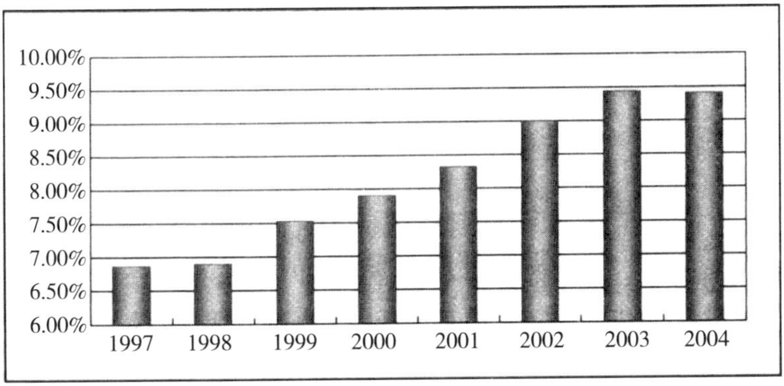

资料来源：佳能年终报告

图 30　研发与总营运开支比率

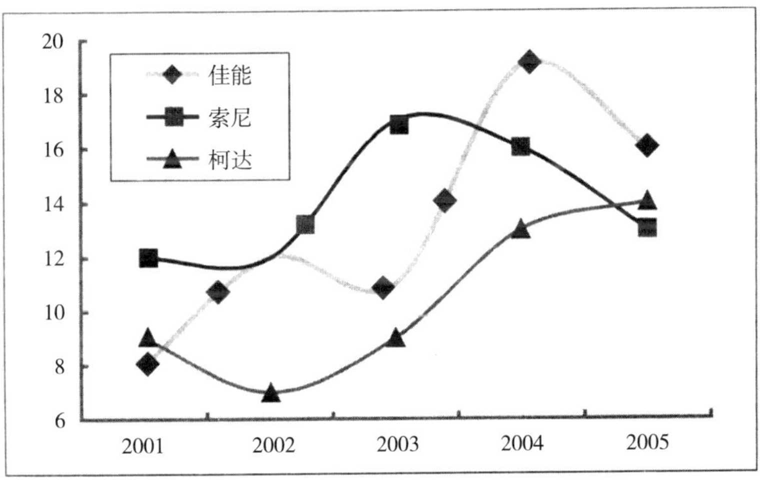

资料来源：佳能、索尼、柯达年终报告

图 31　2001—2005 年推出相机款数

终身雇佣制对佳能的影响

◉终身雇佣制的起源

终身雇佣制起源于第一次世界大战之后，当时，大企业自己出资在企业内部设立技术培训设施，对将来可能成为骨干的员工进行培训，并创立退休补助制度。随着日本防止劳动力流动法律的出台，终身雇佣制逐渐成形，即1939年的《从业人员雇用限制令》、1940年的《从业人员流动防止令》、《青少年雇用限制令》和1941年的《劳务调整令》。

但是，日本终身雇佣制的真正崛起是在第二次世界大战之后。在二战之后的日本民主化过程中，工人运动高涨，工人要求企业不能任意解雇员工。随着日本经济的起飞，大企业开始采用新的员工配置方式，即把企业合理化过程中的富余人员调配到新开发的部门以保证就业。在日本经济高速发展的三十多年里，终身雇佣制逐渐成为惯例。

◉终身雇佣制的前提

日本终身雇佣制的成功离不开以下四点：

(1) 日本人的就业观念

日本大企业大都是在战前的家族企业或财阀企业的基础上发展起来的，集团或家族主义的经营思想一直比较浓厚。家族主义经营思想的精髓，就是以社长为核心的“家的思想”。由于“家的思想”的影响，长幼有序、上下有别的序列意识在国民的思想中根深蒂固，大多数人就潜移默化地形成了中途转职不忠的意识，甘愿在一个企业工作到底。

（2）低工资结构

战前，日本一直是一个以农业人口为主的国家，1950 年农村劳动力仍占就业总人口的 48.3%，1960 年仍还有 32.6% 的农业劳动力。以大量的农业人口向非农产业的转移为后盾，在进城打工和兼业农户迅速增加的情况下，企业新雇用职工的初任职工资就可以按生活费标准压在很低的水准。由于大多数企业新雇用的工人多，因此，以很低的初任职工资为基础，日本企业就普遍形成了低工资结构。在低工资结构下，即使不解雇一时过剩的人员，也不会给企业经营带来多大的负担。

（3）以年轻劳动力为主的雇佣结构

战后初期，日本还是“人生七十古来稀”，1947 年男性的平均寿命只为 50.06 岁。所以，在大量雇用新人的情况下，日本企业就形成了以年轻劳动力为主的雇佣结构，1960 年，大企业男职工的平均年龄只为 30 岁左右。同年，日本男性的平均寿命虽然提高到了 65.32 岁，但其中 40 岁人的平均余年为 31.02 岁，65 岁人的平均余年为 11.82 岁，与 1947 年的 26.88 岁和 10.10 岁相比，只分别提高了 4.14 岁和 1.72 岁。由于当时 40 岁以上者占企业职工人数的比重很低，退休者的人数更少，少数退休者也领不了几年的退休金，所以即使按年功提薪，企业工资总额和退休金总额也没有太大的负担。

（4）经济的高速增长和长期景气

1950—1960年是日本经济的高速增长时期，20世纪70年代中期后虽转为了低速增长，各年的经济增长率也大多比欧美各国高一倍左右。当时，即使出现经济萧条，其持续的时间也很短，而且还保持一定的经济增长。以此为基础，大多数企业就一直处于不断的发展壮大之中，破产者甚少。因此，当时即使偶尔出现劳动力过剩的状态，企业也可以咬紧牙关。如果有的企业在一时困难中解雇了职工，不仅会伤害职工的感情，坏了企业的名声，而且一旦经济景气时机来临，还很可能一时雇不到急需的人员。

◉终身雇佣制的特点

首先，日本的终身雇佣制并不是终身，而是雇用到退休为止，一般是55—60岁。

其次，终身雇佣制只适用于正式员工，而临时工等其他非正式员工不是终身雇用的。

最后，终身雇佣制只在日本大型企业中实行，日本的中小企业并不实行终身雇佣制。

◉终身雇佣制的优点

日本的终身雇佣制的优点曾经给日本经济带来飞速发

展，同时也促进了日本社会的和谐稳定，其优点如下：

（1）**公司人员稳定**

连续工作10—19年的男性制造业者，日本为37%，美国为15%。可见日本公司人员的稳定，如果只看日本的大型公司，这个比例会更高。

（2）**失业率低**

终身雇佣制保证了员工不会被解雇，毋庸置疑，这使得日本的失业率一直保持在发达国家中很低的水准。以数字来讲，1989—1994年的平均失业率，日本为2.3%，而同期美国为6.2%，约为日本的2.7倍；法国为10.4%，约为日本的4.5倍。

（3）**有利于企业的技术革新和技术进步**

就一般情况而言，企业引进新的技术和自动化设备，会使有些部门产生过剩劳动力，所以往往遭到工人的抵制。但在终身雇佣的条件下，企业通过培训，可将富余职工安排到其他部门，不会造成职工的失业。因此，与欧美企业相比，日本企业的职工不仅不反对技术革新和技术进步，而且还主动提出合理化建议，从而使企业的全面品质管制和小集团活动得以长期而有效地开展下去。具有代表性的就是，日本机器人使用量占世界的60%以上。

（4）**公司可以放心对员工进行培训**

在企业经营中掌握特殊知识和技能并忠于企业的职工队伍，是一个企业区别于其他企业的最有力的竞争因素，而这样的职工队伍，只有通过企业内培训进行长期的人力资本投资才能造就出来。由于是终身雇佣，职工即使掌握了本职工作乃至本企业的“核心技术”，也不会轻易转职，所以就有利于保守企业的技术秘密。美国只有 1/7 的企业进行系统培训，而日本的大企业都会对员工进行培训。

◉终身雇佣制面临的挑战

进入 20 世纪 90 年代以后，日本的终身雇佣制受到了多方面的挑战。

（1）首先就是日本人口老龄化

据日本总务厅统计局《国势调查》和厚生省人口问题研究所《未来人口估测》（1993 年），在日本劳动年龄（15 岁以上）的人口中，65 岁以上的比例会从 1970 年的不到 10%增为 1995 年的 17%左右，而到 2025 年，这个数字会是 30%，并且会大于届时 20—40 岁的人数比例（见图 32）。可见，如果日本公司一直坚持终身雇佣制的话，一方面会造成公司高龄员工的增多，如果“年功序列”制也予以保留的话，那日本企业的工资负担会是极其严重的；另一方面，到时候由于年轻人的减少，在招聘的时候，企业之间的竞争会更加激烈。这就会促使企业提高招聘的起薪。这两点都会使企业负担加重，效益下降。

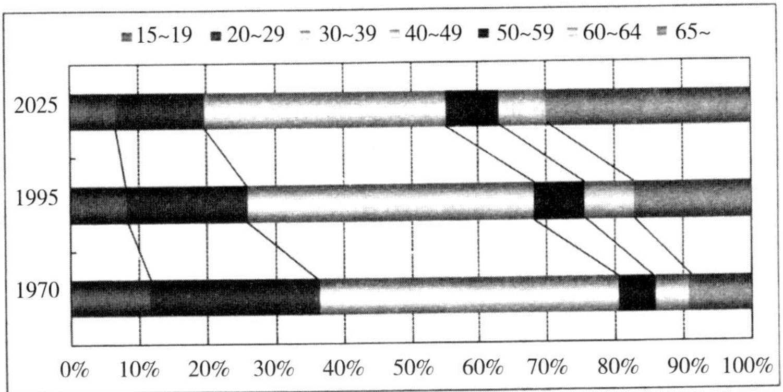

资料来源：日本总务厅统计局《国势调查》、厚生省人口问题研究所《将来人口推计》（1993 年）

图 32　日本劳动力结构变化

（2）**其次就是日本员工忠诚度的降低**

这可以从日本人对集体利益的日益冷淡看出来。据日本总理府多年来一项调查显示，日本人“重视个人利益”的比例已经从 1991 年的 24%上升到 1997 年的 31. 2%，而与此同时“重视集体利益”的比例已经从 1991 年的 45. 3%下降到 1997 年的 39. 4%。短短 6 年时间，“重视集体利益”的人数从几乎是“重视个人利益”的两倍，迅速下降到差不多相等的程度。

最后就是日本员工工作热情的降低。进入 20 世纪 90 年代以后，随着日本经济的衰落，日本人的工作热情也随之降低。据日本 NHK 文化广播研究所的舆论调查，到 90 年代，日本人中“注重闲暇”的人数比例已经上升为 37%，远远超过“注重工作”的比例 26%。

◉终身雇佣制的破灭

由于终身雇佣制面临着诸多挑战，首当其冲的当然是日本的大企业。此时日本企业对于终身雇佣制已经不再热衷。据日本劳动部调查，只有 9.5% 的企业将坚持“终身雇佣制”，而与此同时，38.3%表示“终身雇佣制”已经不需要。在用人制度方面，据日本经济团体联合会公布的一份调查显示，在该联合会约 1600 个成员公司中，40%的公司正在改革用人制度，1/3 的日本企业在新增雇员时将采用合同制。

而日本的职工方面开始出现波动。日本联合工会组织 1994 年 11 月《转换期的雇佣劳动对策方向》的报告中指出：“为了削减工资成本，劳动力流动化不可避免”，这就意味着：一方面，经营者一方“有解雇工人的自由”，另一方面，工人一方也“有选择工作的自由”。可见日本盛极一时的终身雇佣制已经走到了尽头。

所以，日本经济联合会在 1995 年 5 月《新时代》杂志提出用人制度的三条建议，即：以长期、持续雇用为前提的“长期储蓄能力活用型”、不一定以长期雇用为前提的“高度专业能力活用型”和以劳动意识多样化为前提的“弹性雇用制”。而日本政府就日趋严重的就业问题，制订了一系列的“新就业对策”。对策由以下三项内容构成：人才流动计划、人才再训练计划和企业改革援助。日本政府的表态标志着终身雇佣制改革的正式激活（见表 5）。

表5 日本公司废除“终身雇佣制”行动一览表

公司	年份	措施
先锋	1993	要求35名50岁以上的中层主管提前退休
NTT	1998	宣布今后三年内裁员15 000人
索尼	1998	宣布裁员17 000人，并关闭多家分厂
日产	1999	宣布在日本裁员16 500人
NEC	2001	计划裁掉国内外职员3 000—4 000人
松下	2001	实行提前退休计划，以此裁员5 000人
三菱汽车	2003	计划裁员9 500人
五十铃	2003	计划裁员9 700人

于是进入20世纪90年代以后，一场轰轰烈烈的废除终身雇佣制的大潮正式兴起。跟它的名字一样，日本先锋（Pioneer）公司早在1993年就要求35名50岁以上的中层主管提前退休。之后，日本电信电话（NTT）公司，在1998年宣布此后3年内裁员15 000人。同年，索尼（Sony）宣布裁员17 000人，并关闭多家分厂；1999年，日产（Nissan）在法国人戈恩的率领下，宣布在日本裁员16 500人；2001年，日本电气（NEC）宣布计划削减国内外职员3 000—4 000人；同年，终身雇佣制的“开山鼻祖”，松下（Panasonic）公司也无奈地实行提前退休计划以及裁员5 000人。2003年，三菱汽车和五十铃汽车均宣布裁员，分别为9 500人和9 700人。

这样，日本“终身雇佣制”的大旗终于倒下了！

◉佳能的“终身雇佣制”

佳能 CEO 御手洗富士夫有在美国工作 23 年的经验，并且他说过“我在美国的经验深深影响了我”，并且他还经常和通用电气（GE）的 CEO 韦尔奇先生一起探讨问题。但是对于终身雇佣制，御手洗富士夫也只能说“韦尔奇先生的管理风格，无法在日本实行”。

御手洗富士夫极力推崇日本的终身雇佣制度。他曾经说：“一个公司的实体就是员工。没有员工就没有公司，归根究底公司实力就是全体员工实力的集合值……彼此之间拥有一种命运共同体的意识，向着同一个目标前进。这就是日本终身雇佣制所包括的含义。”“拥有命运共同意识的少数精锐队伍，在公司经营出现困境的情况下也能团结一致……比起那些仅仅因为报酬多少而聚散离合的组织，这种团结的力量是要强大得多的，这也正是佳能长期以来的竞争力的源泉。”

所以，在日本大企业纷纷宣布裁员之际，佳能公司却依然保留了终身雇佣制。佳能的员工数量从 1988—2004 年不曾减少过（见图 33）。

佳能得以保持终身雇佣制，一方面离不开社长御手洗富士夫的极力推崇，另一方面，这也跟佳能近些年业绩蒸蒸日上有很大关系。佳能进入 1990 年代以后，销售额几乎是一路上扬，而净利润虽然出现过波动，但是始终维持盈利，从未出现过亏损（见图 34），这在整个没落的日本经济里已算奇迹。

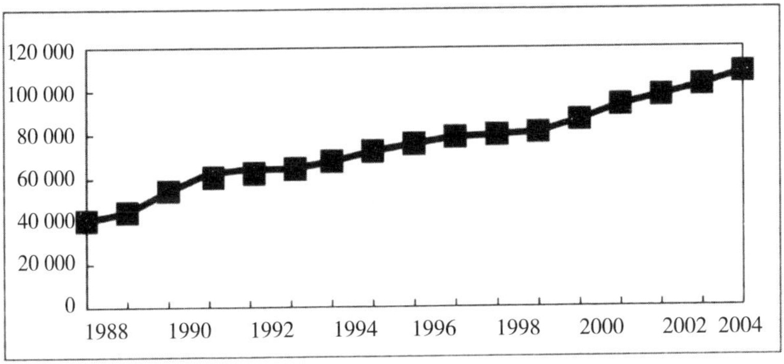

资料来源：佳能年终报告

图 33　佳能员工数量

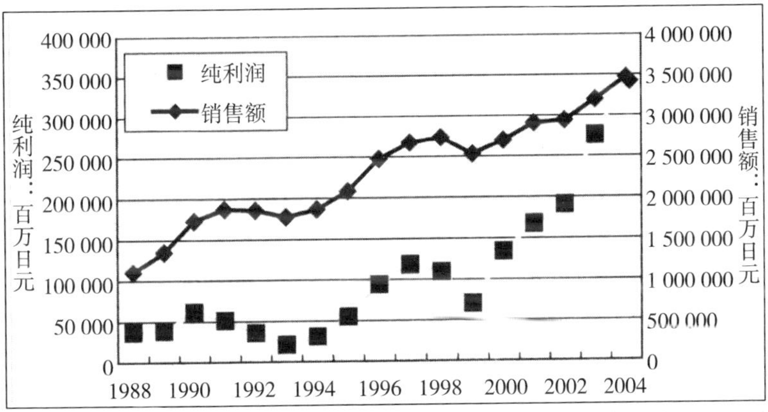

资料来源：佳能年终报告

图 34　销售额与纯利润增长

总结与展望

御手洗富士夫大力改革佳能，令其销售额不断上升之时，也获得了业界的认同。2003 年御手洗富士夫在《日本产经新闻》“最受尊敬领导者”评选中名列榜首，并在 2004 年入选《金融时报》“最受尊敬领导者”第 10 名。

自 1995 年御手洗富士夫成为佳能集团总裁后，佳能集团焕然一新，资产回报率由 2002 年的 6.6%上升到 2004 年的 10.1%（见图 35）。

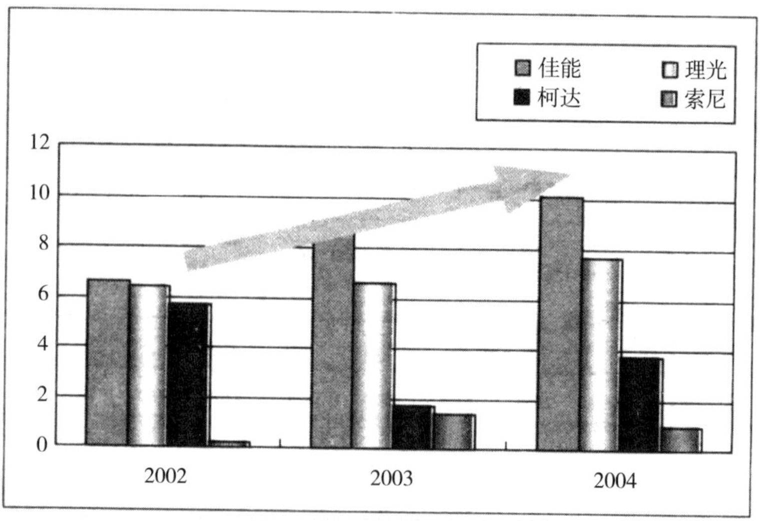

资料来源：佳能、理光、柯达和索尼年终报告

图 35 佳能资产回报率

资金回报率由 2002 年的 12.5%上升到 2004 年的 16.8%

（见图 36）。

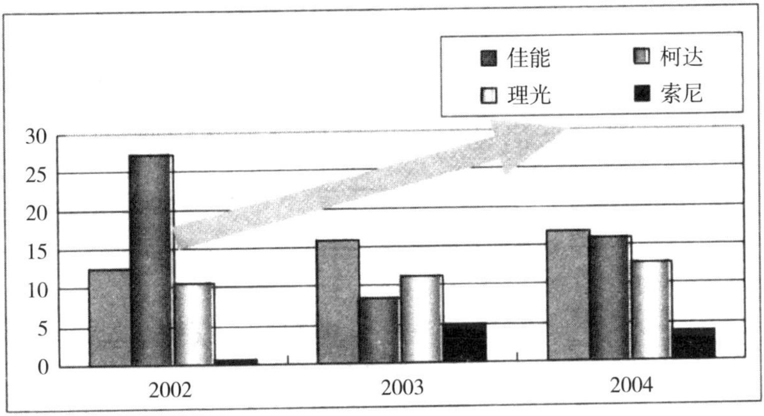

资料来源：佳能年终报告，美国联邦储备局官方网站

图 36　佳能资金回报率

佳能的纯利率自 1995 年御手洗富士夫上任后获得大幅改善，并于 2004 年超越无风险利率（参考美国政府债券利率）2 倍之多。投资价值尽现（见图 37）。

市场也对佳能的表现投下信任的一票，股价于 1995 年后大幅上升（见图 38）。

《IT 经理世界》其中一篇文章是这样形容御手洗富士夫的："一个满脑子充满'技术狂想'的人，同时拥有一颗'追逐利润'的心脏和'流程卓越'的躯体。"我们可以从以下几点去引证：

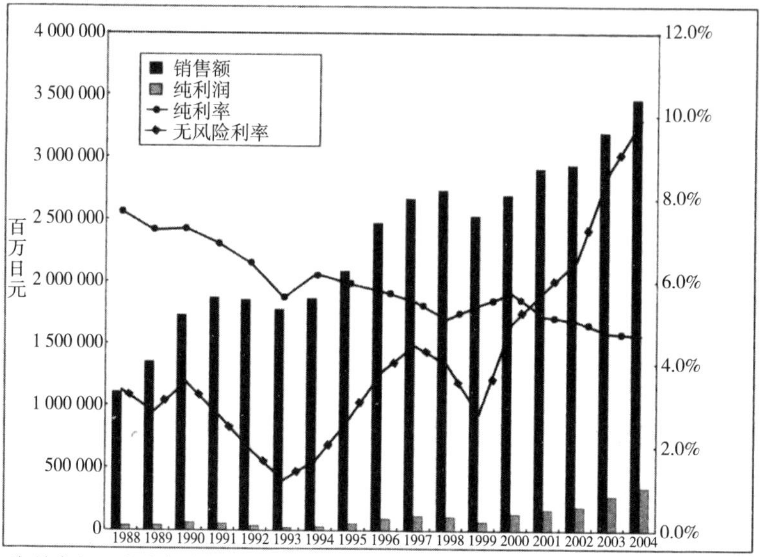

资料来源：佳能年终报告、美国联邦储备局官方网站

图 37　佳能纯利率与无风险利率比较

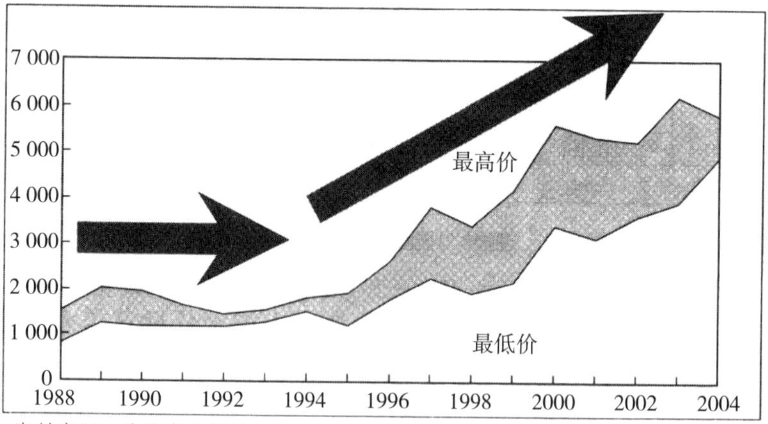

资料来源：佳能官方网站

图 38　佳能股价的变化

（1）**技术狂想**

坚持不懈地研发，用研发来带动市场；注重技术研发上的盘点，在不断提高研发经费之时，也能不断提高佳能的纯利率；善于产品整合，不断推陈出新。

（2）**追逐利润**

重整业务，撤出亏损副业，专注复印机和照相机等主业，树立利润的核心。

（3）**流程卓越**

通过改革生产线，不断提高生产效率，节省生产成本，降低库存量，加快出货速度。

佳能将从一个辉煌走向新的辉煌！